INHALTSANGABE

Allgemeines

Laubsägearbeiten

Nähen

Pappmaché

Dosen aus Weißblech

Dies & Das

Kunsthandwerkliches Gestalten – Kreative Kunst mit Kindern

Kinder lieben es, etwas zu „produzieren". Ob mit Säge, Hammer und Nägeln, Nadel und Faden oder Kleister und Papier. Kunsthandwerkliches Arbeiten, etwas Dreidimensionales zu erschaffen, in der Hand zu halten und zu bearbeiten, gehört für viele Kinder nicht mehr zur alltäglichen Beschäftigung.
Deshalb habe ich mich entschlossen, dem Kunst-Handwerk in meinem Kunstunterricht auch einen Platz einzuräumen, um den Kindern verschiedene künstlerische Techniken nahezubringen.

Dabei entstehen schöne und oft nützliche Dinge, die sich fast immer auch als Elterngeschenk, aber auch zur dekorativen Gestaltung des Lern- und Lebensbereiches der Kinder eignen. Da viele Kinder mittlerweile den ganzen Tag in der Schule verbringen, ist es meiner Meinung nach noch wichtiger geworden, den Lebensraum „Schule" gemeinsam schön zu gestalten und zu dekorieren!

Die Ergebnisse sind in diesem Band gesammelt und der Übersichtlichkeit halber nach den Techniken geordnet. Die Hauptanlässe zum kunsthandwerklichen Gestalten waren Muttertag, Ostern und Weihnachten, da die Kinder gerne eigenhändig Geschenke herstellen wollten.

Auch wenn die Freude, etwas Schönes zu erschaffen, im Vordergrund steht, ist mein Ziel stets, die Materialkosten möglichst gering zu halten und auch immer mit einem Auge die neuen Richtlinien und Lehrpläne im Blick zu haben.

Viel Spaß beim „Kunsthandwerken" mit Ihren Kindern!

Ihre
Astrid Friedrich

Künstlerische Techniken in der Grundschule – Bezug zum Lehrplan

Die Lehrpläne für das Fach Kunst in der Grundschule unterteilen den Kunstunterricht in folgende Bereiche:

- Räumliches Gestalten
- Farbiges Gestalten
- Grafisches Gestalten
- Textiles Gestalten
- Gestalten mit technisch-visuellen Medien
- Szenisches Gestalten

mit den Schwerpunkten:
- Erproben von Materialien, Techniken und Werkzeugen
- Zielgerichtet gestalten
- Präsentieren

und dem Bereich:
- Auseinandersetzung mit Bildern und Objekten

mit den Schwerpunkten:
- Kunst entdecken
- Wahrnehmen und deuten
- Zielgerichtet gestalten

In diesem Heft finden Sie schwerpunktmäßig Gestaltungsaufgaben zu den Bereichen:
– „Räumliches Gestalten“,
– „Farbiges Gestalten“ und
– „Textiles Gestalten“.

Am Rande werden auch die Bereiche
– „Grafisches Gestalten“ und
– „Gestalten mit technisch-visuellen Medien“ berücksichtigt.

Im Vordergrund steht eindeutig das kunsthandwerkliche Gestalten. Die Kinder sollen neben Pinsel und Farbe auch Hammer, Säge und Nägel, aber auch Nadel und Faden als Hilfsmittel zur Herstellung von Kunstwerken erleben und ihr handwerkliches Geschick entdecken und schulen.

Auch wenn Jungen oft gerne malen, nähen und sticken, so ist für sie der Umgang mit Hammer und Nagel oder Säge sehr viel spannender. In meinem Unterricht hat sich gezeigt, dass auch die Mädchen daran viel Spaß haben und sich sehr geschickt anstellen.

Einige meiner Kolleginnen hatten Sorge wegen der Verletzungsgefahr.
Natürlich sollten Sie ausreichend Pflaster griffbereit haben. Ich habe jedoch die Erfahrung gemacht, dass die Kinder umso umsichtiger mit den Werkzeugen umgehen, je mehr man ihnen zutraut. So hat sich bei der ersten Laubsägearbeit mit meinem letzten ersten Schuljahr nicht ein Kind verletzt! Im vierten Schuljahr, welches schon sehr häufig mit der Laubsäge gearbeitet hat, gab es hingegen schon die ein oder andere „Kerbe".

Organisation des Unterrichts

Wenn Sie handwerklich mit den Kindern arbeiten wollen, ist gute Organisation oberstes Gebot.
Sie können nicht 30 Kinder gleichzeitig mit der **Laubsäge** arbeiten lassen. Das werden Ihre Nerven nicht aushalten.
Aber in kleineren Gruppen – bei Säge-Anfängern etwa 6 Kinder pro Gruppe, bei erfahreneren Kindern bis zu 10 Kinder – haben Sie genug Zeit, jedem Kind individuell zu helfen. Die geschickteren Kinder sollten Sie auch als Helfer (Experten) einsetzen. Die anderen Kinder erhalten in der Zeit von mir Gestaltungsaufgaben, die sie ohne meine Hilfe bewältigen können.

Auch bei der Einführung von **Näharbeiten** nutze ich Arbeitsphasen, in denen die Klasse z. B. eine Schreib- oder Abschreibaufgabe mit Selbstkontrolle bearbeitet und ich immer 4–6 Kinder zu mir an den Arbeitstisch hole, um ihnen die Arbeit zu erklären, die Stiche zu zeigen und zu helfen.
Wenn den Kindern diese Methode einmal vertraut ist und jedes Kind die Gewissheit hat, dass es auch seine Arbeit in Ruhe bearbeiten kann, werden Sie mit dieser Vorgehensweise viel schaffen!
Meine Teamkollegin erklärte mich für verrückt, als ich zu Ostern im 1. Schuljahr Hasen nähen wollte (nachdem wir Osterhasen aus Holz gesägt hatten). Als sie aber das Ergebnis sah, traute sie sich auch daran und hat es nicht bereut!

Ein weiterer Trick ist die gute **Vorbereitung des Kunst- oder Klassenraums** vor der Kunststunde.
Will ich mit Kleister oder Holz arbeiten, bieten sich Gruppentische zu je 4 Kindern an. Jeder Tisch ist mit einer Wachstuchdecke abgedeckt und alle notwendigen Materialien stehen in der Mitte des Tisches.

Die Vorbereitung der Tische kann durch den Kunstdienst (je nach dessen Erfahrung mit Unterstützung der Lehrerin) erfolgen. Im ersten Schuljahr mache ich das meist selbst und nehme 4 zuverlässige Kinder als Helfer mit. Diese kann ich dann später gut als „Experten" mit anderen Kindern zum Kunstdienst einteilen.
Die Vorbereitung des Raumes erfolgt bei mir in der Regel in einer der großen Pausen. Aufgeräumt wird am Ende der Stunde gemeinsam, wobei jeder Vierer-Tisch eigenverantwortlich seine Materialien wegräumt und seinen Tisch saubermacht.

Natürlich ist es prima, wenn auch eine Mutter / ein Vater mithelfen kann, aber oft muss man es als Lehrer ja alleine organisiert bekommen. Trotzdem würde ich immer versuchen, Eltern zum Helfen zu gewinnen!

Noch ein Tipp, wenn Eltern mithelfen:

Gehen Sie nicht davon aus, dass die Eltern genau wissen, was sie machen sollen. Die wenigsten Mütter oder Väter können heutzutage noch nähen und haben oft schon Schwierigkeiten, einen Faden einzufädeln! Auch das Sägen mit der Laubsäge können die wenigsten Eltern.
Also, wenn Sie Eltern einsetzen, erklären Sie ihnen vorher genau, was sie machen und worauf sie achten sollen!

Materialbeschaffung

Auch wenn viele meiner Kollegen der Meinung sind, die Kinder müssten selbstständig werden und ihre Materialien selbst mitbringen, rate ich davon ab.
Wenn ich etwas mit den Kindern vorhabe, weiß ich in der Regel genau, was ich dafür benötige, und kann am besten das richtige Material für die Kinder besorgen. Wenn ich selbst alles besorge, bin ich auch sicher, dass jedes Kind alles Notwendige zur Hand hat.

Viele Materialien erhalten Sie im **Baumarkt** (z. B. Sperrholz zum Sägen, Laubsägen und Sägeblätter).

Auch im **Internet** können Sie viele Materialien bestellen:
www.labbe.de
www.koenen-kreativ.de
www.als-verlag.de
www.wehrfritz.de

Eine gute Quelle sind auch die **Eltern**. Für Stoffreste, Wolle, Knöpfe oder Füllmaterial können Sie einen gezielten Aufruf an die Eltern starten – einen Versuch ist es wert. Ich habe dadurch viele schöne Musterstoffe, Knöpfe, Fell- und Wollreste gesammelt und sogar Sperrholz bekommen.

Natürlich sind Kunstlehrer ja sowieso Jäger und Sammler! Also im Sommer bis Herbst Tannenzapfen sammeln. Auch aussortierte T-Shirts in schönen Farben oder Kleidungsstücke aus schönen Stoffen nicht in den Altkleider-Container werfen, sondern zerschneiden und etwas daraus nähen lassen!
Grundsätzlich sollten Sie vorrausschauend planen, dann ist es mit dem Material einfacher.
Wenn die Kinder selbst etwas mitbringen sollen, z. B. eine Weißblechdose oder eine Glasflasche, sollten Sie dies immer mit einem längeren Vorlauf (2–3 Wochen) absprechen, die mitgebrachten Dinge mit Namen versehen und an einem für alle

sichtbaren Ort (Fensterbank, Kunstregal) aufbewahren sowie regelmäßig auf fehlendes Material hinweisen. Oft gibt es auch Kinder, die mehr Material mitbringen und anderen aushelfen können.

Präsentation

Alles, was Ihre Kinder mit viel Mühe und Anstrengung hergestellt haben, muss gewürdigt werden!
Schauen Sie sich in Ihrem Schulgebäude um, wo sie was präsentieren können:

- Im Flur an die Decke hängen.
- Falls vorhanden: Vitrinen dekorieren.
- Auf Fensterbänke stellen.
- Am Treppenaufgang befestigen.
- Falls sich keine Möglichkeit bietet, können auch einige Tische vor den Klassenraum gestellt und darauf die Werke in einer „Mini-Ausstellung" gezeigt werden.

Dabei müssen die Werke nicht lange ausgestellt bleiben. Eine Woche reicht oft schon. Wichtig ist nur, dass die Kinder die Möglichkeit haben, *ihr* Werk auch Freunden und eventuell Eltern zu zeigen. Bei Elterngeschenken bietet sich eine klasseninterne Ausstellung oder ein „Museumsgang" an, sodass jedes Kind die anderen Werke begutachten kann.
Will man die Werke benoten, kann dies auch bei einer solchen Gelegenheit durch die Kinder selbst erfolgen!

Laubsägearbeiten – Allgemeine Informationen

Zeit:

Zum Aussägen jeweils etwa 1–2 Unterrichtsstunden, je nach Geschick des jeweiligen Kindes. Zum Bemalen jeweils etwa 20 Minuten.

Material:

Sperrholz, Laubsäge, Sägeblätter, Bleistift, Papier, Schere, Schleifpapier (Schmirgelpapier), Handbohrer, Garn zum Aufhängen, Acryl-Farben / Temperafarben (evtl. auch Wasserfarben), Pinsel und je nach Motiv weiteres Dekorationsmaterial, Klebestift, dünne Goldkordel
Zur Sicherheit Pflaster bereithalten!

Bereiche & Schwerpunkte:

„Räumliches Gestalten" und „Farbiges Gestalten" jeweils mit dem Schwerpunkt „Erproben von Materialien, Techniken und Werkzeugen"

Lernziele & **Kompetenzerwartungen:**

- Aussägen einer vorgegebenen Figur
- Bemalen und dekoratives Gestalten der ausgesägten Figur
- **Erproben des Werkzeugs Laubsäge**
- **Verarbeiten von Acryl-Farbe auf Holz**

Info:
Sperrholz erhält man im Baumarkt. Oft gibt es Pakete zu je 5 Holzplatten in den gängigen Größen (DIN A5, DIN A4, DIN A3).
Wenn der Baumarkt einen Zuschneide-Service hat, kann man sich z. B. DIN-A5- oder DIN-A4-Pakete auch gut halbieren lassen.

Aussägen lassen sich, je nach Geschick der Kinder, fast alle Formen.
Ich beginne im 1. Schuljahr als Einführung mit dem Stern zur Weihnachtszeit, da dieser nur gerade Schnitte benötigt. Dies gilt auch für den Tannenbaum (s. Kopiervorlage).

Zu Ostern lasse ich die Hasen und das Ei aussägen, zu Muttertag ein Herz, welches die Kinder oft schon selbst entwerfen können.

Bis dahin haben die Kinder in der Regel „den Bogen raus" und können auch kompliziertere Formen aussägen.
Schön ist es, wenn die Kinder ihre Formen selbst entwerfen. Sie als Lehrer müssen sich die Entwürfe dahingehend ansehen, ob nicht zu dünne Stege gelassen werden, die schnell abbrechen könnten.

Tipp:
Selbst entworfene Formen sollten immer erst aus Papier ausgeschnitten werden, dann zeigen sich die Schwachstellen meist von selbst!

Hinweis:
Laubsägearbeiten würde ich nur in kleinen Gruppen zu 8 – 10 Kindern durchführen. Wenn Sie keine Elternhilfe haben, lassen Sie immer 4 Kinder im Rahmen eines Tages- oder Wochenplanes sägen! Richten Sie dazu einen (möglichst alten) Tisch im oder vor dem Klassenraum ein.

Einstieg:
Der Umgang mit der Laubsäge an sich ist für die Kinder schon hoch motivierend. Folgende Regeln sollten Sie mit den Kindern vorab besprechen und den Umgang mit Material und Werkzeug zeigen:

- Die Laubsäge muss immer so gehalten werden, dass der Bogen parallel zum Holz verläuft.
- Das Sägeblatt ist so eingespannt, dass beim Runterziehen die Säge sägt und beim Hochziehen nicht. Das Einspannen eines neuen Sägeblattes sollte immer von einem Erwachsenen erfolgen.
- Die Hand, die das Holz festhält, liegt nie in der „Sägelinie".
- Je nach Motiv werden die Schnitte vorgegeben. Am Schnittende wird die Säge wieder zurückgezogen.
- Beim Sägen immer kleine kurze Bewegungen nach unten und nach oben machen.
- Wenn die Säge verkantet, keine Gewalt anwenden, sondern von einem Erwachsenen helfen lassen.

Aufgabenstellung:

Die Aufgabenstellung richtet sich nach dem Motiv.

Vorgehensweise:

Vorzeichnung: Bei Anfängern ist es sinnvoll, wenn Sie das Motiv auf das Holz aufzeichnen. Bei geschickten Säge-Kindern sollte erst ein Entwurf aus Papier erstellt werden, der auch ausgeschnitten wird. Anschließend wird das Motiv mit Hilfe dieser Papierschablone und eines Bleistiftes auf das Holz übertragen.

Aussägen: Je nach Motiv wird die Figur schrittweise ausgesägt (s. Kopiervorlagen). Der häufigste Fehler ist die Haltung der Laubsäge, darauf also besonders achten.

Schleifen: Ist die Figur ausgesägt, werden die rauen Sägekanten mit Hilfe von Schleifpapier glattgeschmirgelt. Dabei von beiden Seiten schmirgeln lassen!

Loch zum Aufhängen: Das Loch zum Aufhängen wird mit Hilfe eines Handbohrers gebohrt.

Kriterien zur Leistungsbewertung:

Die ersten Sägeversuche sollten noch nicht benotet werden, da die Kinder erst eine gewisse handwerkliche Geschicklichkeit entwickeln müssen.

Sind die Kinder schon halbe Profis, können folgende Punkte bewertet werden:

1. Wurde immer relativ genau auf der aufgezeichneten Linie gesägt?
2. Sind die Schnitte gleichmäßig und gerade?
3. Wie sorgfältig wurden die Kanten glattgeschliffen?
4. Beim Eigenentwurf:
   Eignete sich die Figur gut zum Aussägen?
   Originalität der Idee!
5. Bei weiterer Gestaltung:
   Wie sorgfältig wurde die Figur bemalt?
   Wurde weiteres Dekorationsmaterial sinnvoll gestaltend eingesetzt?

Gestaltungsvorschläge zu den als Kopiervorlage vorgegebenen Motiven:

Hase

Beim Hasen Nr. 1 haben wir braune Wasserfarbe zum Bemalen gewählt, damit die Holzmaserung zu sehen bleibt. Beim Gesicht haben wir die Augen, Nase, Zähnchen und Arme aus Filzresten geklebt (Klebestift), als Augen sind auch Wackelaugen schön.
Aus Fellresten wurde der Stummelschwanz ausgeschnitten und hinten aufgeklebt.
Im Bastelladen hatte ich kleine „Möhren" gefunden, diese wurden mit Heißkleber aufgeklebt. Natürlich können die Möhren auch aus Tonpapier gebastelt werden (s. Kopiervorlage).
Den Hasen Nr. 2 haben wir „nur" bemalt.

Vogel

Bei dem Vogel werden zwei Teile ausgesägt und anschließend ineinandergesteckt.
Die Kinder, mit denen Sie den Vogel herstellen, sollten schon recht sicher im Sägen sein, da genaues Arbeiten wichtig ist.
Beide Teile können nach Belieben bunt angemalt werden.

Fliegenpilz

Der Fuß des Fliegenpilzes wird mit weißer Farbe angemalt, der Kopf mit roter Farbe. Ist die Farbe gut getrocknet, erhält der Fliegenpilz seine weißen Punkte. Diese können aufgemalt werden. Schöner sieht es jedoch aus, wenn diese Punkte aus weißem Filz ausgeschnitten und aufgeklebt werden. Dabei auch einige Punkte über die Kante kleben und nach hinten umschlagen.

Stern

Vor dem Bemalen den Aufhänger am Stern befestigen!
Lassen Sie die Kinder beide Seiten mit Acryl- oder Temperafarbe gelb bemalen und auf die noch feuchte Farbe goldenen, roten oder silbernen Glitter und / oder Streusternchen streuen. Der Glitter / die Streusternchen klebt / kleben dann automatisch an der feuchten Farbe.

Zum Trocknen den Stern z. B. an einer Leine aufhängen. Prima eignet sich auch ein Garderobenständer.
Der farbverschmierte Aufhänger kann später durch eine dünne goldene Kordel ersetzt werden – fertig ist ein kleiner kostbarer Stern!

LAUBSÄGEARBEITEN

Tannenbaum

Den Tannenbaum (auch vorher mit Aufhänger versehen) können die Kinder gut mit grüner Wasserfarbe anmalen. Der Vorteil gegenüber der Acryl- oder Temperafarbe ist, dass die Holzmaserung sichtbar bleibt.

Mit Hilfe von Stanzern können weihnachtliche Motive ausgestanzt werden, die mit einem Klebestift aufgeklebt werden. Aber auch gekaufte Sternchen, Schmucksteinchen u. Ä. können aufgeklebt werden. Schauen Sie einfach, was für Material vorhanden ist, und lassen Sie Ihre Kinder frei dekorieren.

Stiefel

Der Stiefel wird von beiden Seiten rot angemalt. Ist die Farbe trocken, kann der obere Rand des Stiefels mit Watte (mit ein wenig Flüssigkleber) beklebt werden. Wenn vorhanden, kann statt Watte auch Kunstschnee mit Flüssigkleber aufgeklebt werden. Dazu ausreichend Flüssigkleber aufstreichen und den Kunstschnee aufstreuen. Diese Prozedur sollte in einem Kartondeckel stattfinden, dann kann der übrige Kunstschnee wiederverwendet werden.

Herz

Das Herz kann einfach rot bemalt werden. Roter Glimmer in die feuchte Farbe gestreut lässt das Herz edler erscheinen.
Viele Kinder haben aber nach verschiedenen Laubsägearbeiten schon eigene Vorstellungen und Ideen, wie sie ihr Werk gestalten wollen. Lassen Sie Ihren Kindern beim Ausgestalten möglichst viele Freiheiten.

Ei

Das Ei kann von den Kindern frei bemalt werden. Günstig ist es, zuerst mit einer Farbe zu grundieren, diese trocknen zu lassen und anschließend Muster aufzumalen.
Punkte lassen sich gut mit Korken, kleinen Deckeln oder Wattestäbchen aufdrucken.
Wenn vorhanden, kann um das fertig bemalte Ei eine Schleife gebunden werden. Diese mit ein wenig Klebstoff fixieren.
Für sehr gestaltungsfreudige Kinder können im unteren Bereich noch Löcher gebohrt werden, durch die verschieden dünne Bänder mit Perlen, Federn u. Ä. verknotet werden.

Kopiervorlage Hase Nr. 1

Kopiervorlage Hase Nr. 2

Kopiervorlage Vogel & Fliegenpilz

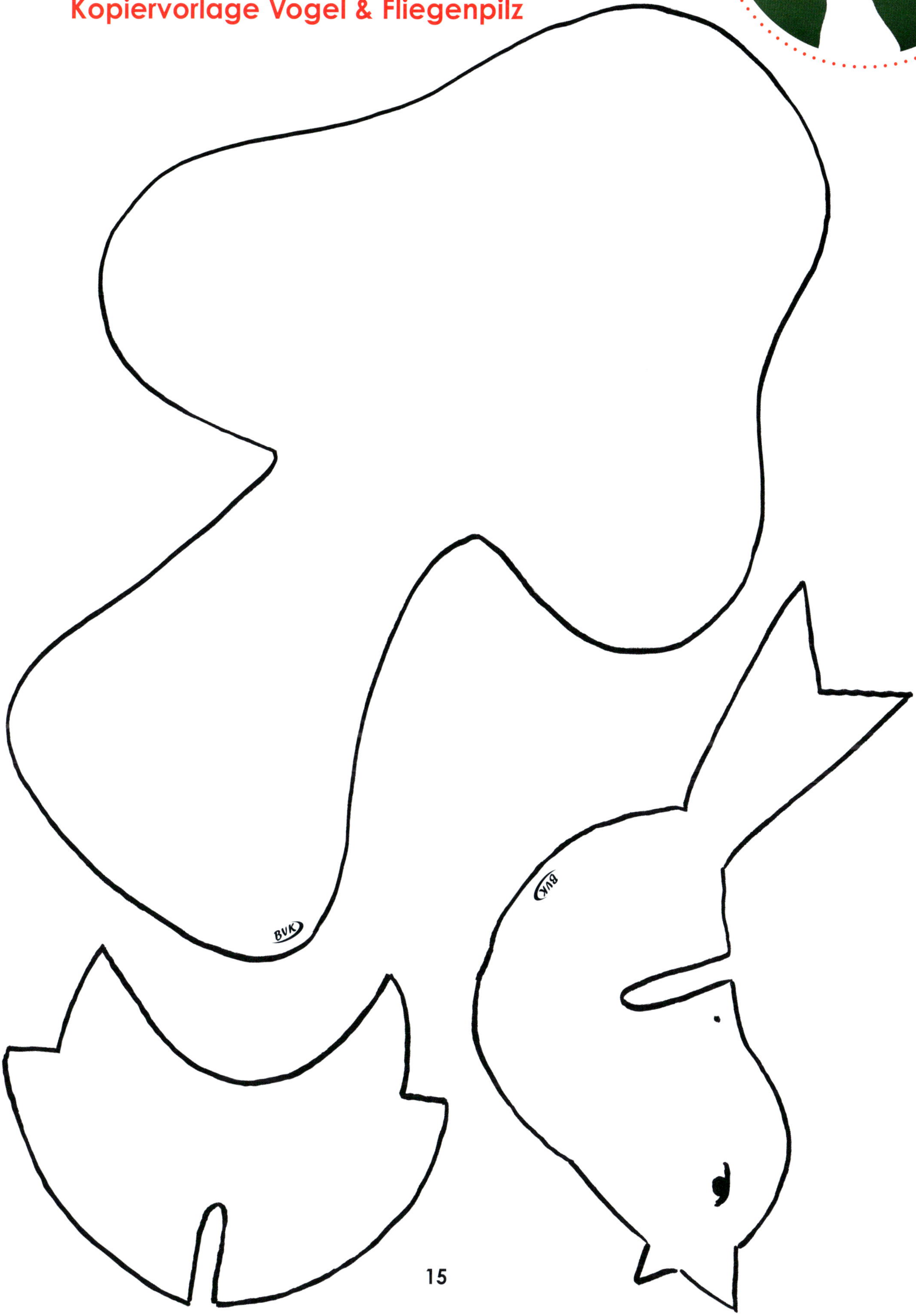

BVK

BVK

BVK PA193 • Astrid Friedrich • Kunsthandwerken mit Kindern

Kopiervorlage Stern & Stiefel

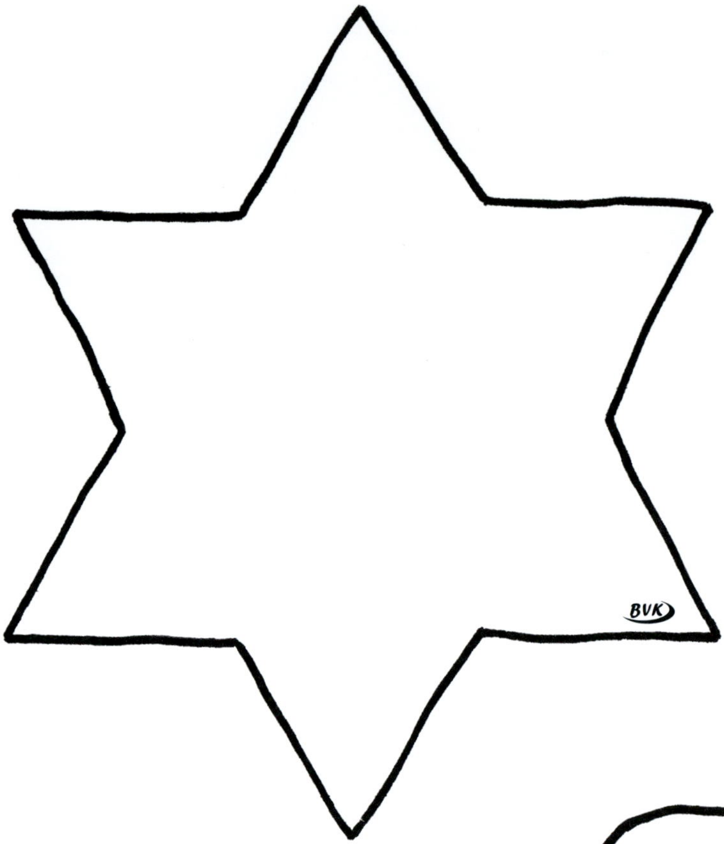

Kopiervorlage Tannenbaum

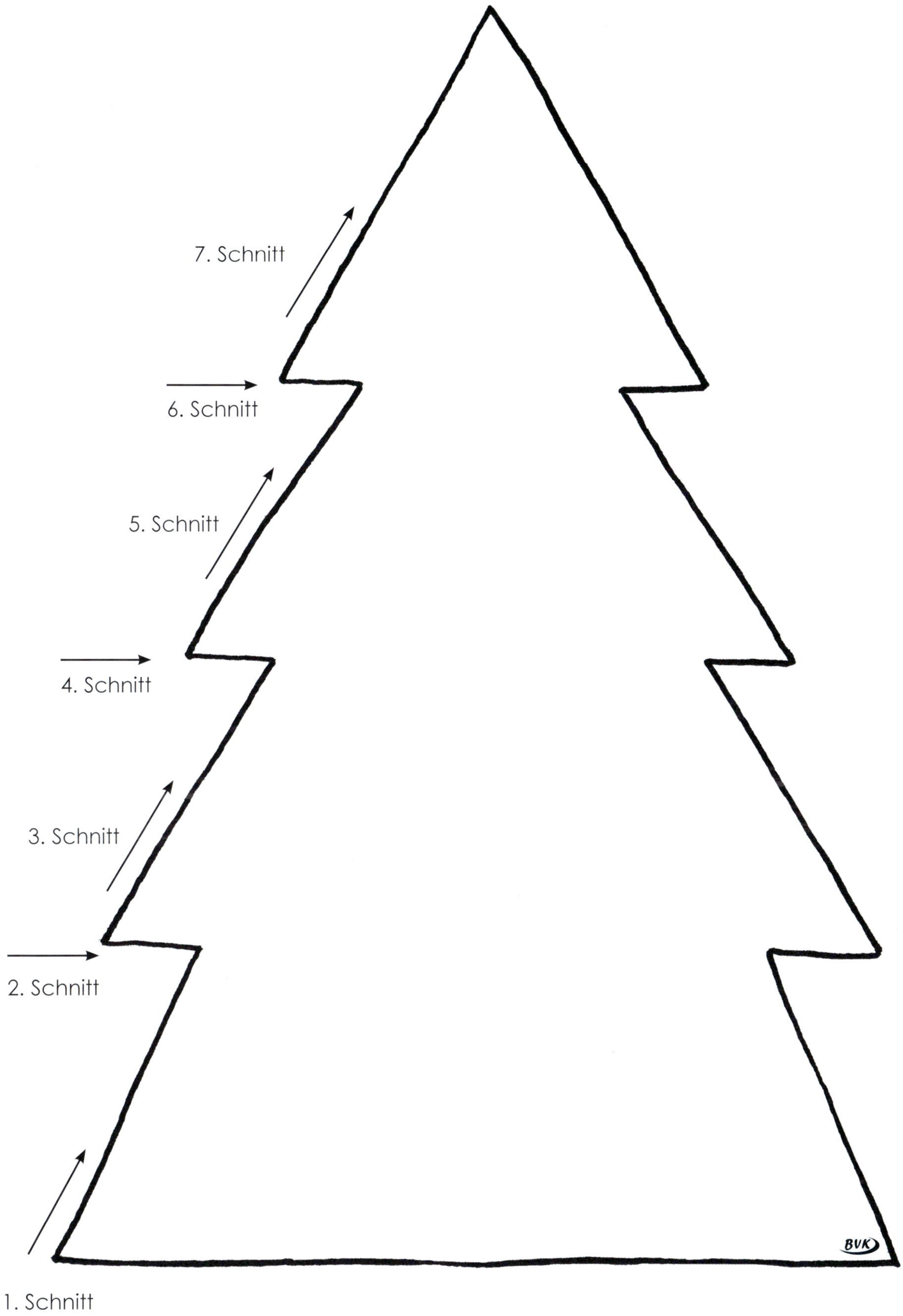

7. Schnitt

6. Schnitt

5. Schnitt

4. Schnitt

3. Schnitt

2. Schnitt

1. Schnitt

BVK

Kopiervorlage Ei & Herz

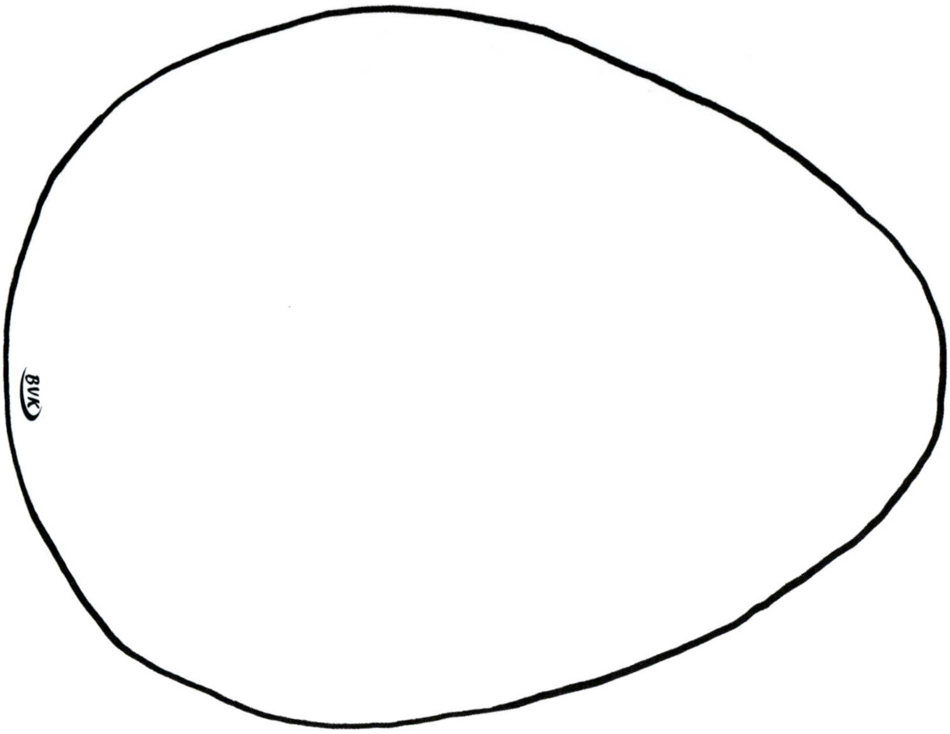

BVK

BVK

Nähen – Allgemeine Informationen

Nadel und Faden

Die Nähnadeln sollten ein möglichst großes Öhr haben, damit die Kinder auch selbstständig einfädeln können. Zum Nähen ist es wichtig, Nadeln mit Spitze zu verwenden!
Als Garn zum Zusammennähen habe ich in der Regel dünnes Baumwollhäkelgarn genommen, welches preisgünstig in vielen Farben zu erhalten ist. Aber auch „normale" Fäden oder Stickgarne eignen sich. Sie sollten das nehmen, was vorhanden oder kostengünstig zu besorgen ist.
Damit den Kindern der Faden nicht immer aus der Nadel rutscht, lasse ich sie immer mit doppeltem Faden nähen, knote also beide Fadenenden zusammen. Um nicht zu oft neu einfädeln zu müssen, erhalten die Kinder einen Faden von ca. 1,20 m Länge, der dann halbiert einen Nähfaden von ca. 60 cm ergibt.

Tipp:

Wer sich bei dem Thema „Nähen mit der Hand" nicht so sicher fühlt, dem empfehle ich die Internetseite „*www.schneidern-naehen.de/handstiche*".
Hier werden viele Stiche erklärt.

Zum Nähen mit Kindern haben sich in meinem Unterricht folgende Sticharten bewährt:

a) Knopfloch-Stich

Mit diesem Stich können Kanten schön eingefasst werden. Genäht wird dabei von rechts nach links. Die Nadel wird immer ca. 5 mm vom vorherigen Stich und der Kante entfernt eingestochen und der Faden einmal um die Nadel geschlungen. Die meisten Kinder lieben diesen Stich und erzielen (auch schon im 1. Schuljahr) tolle Ergebnisse.

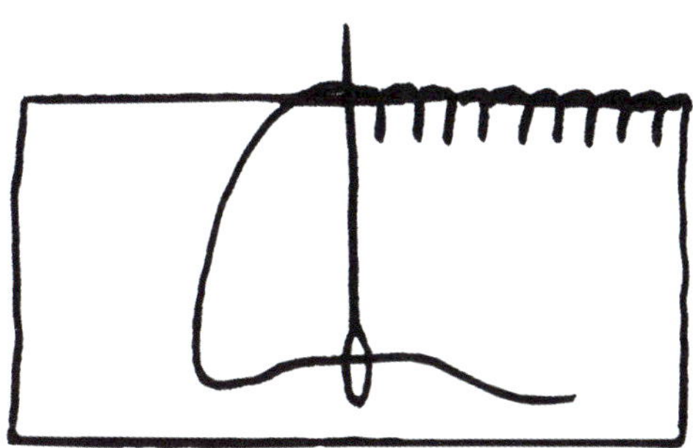

NÄHEN

b) Einfacher Stich

Kindern, denen der Knopflochstich schwerfällt, biete ich diesen vereinfachten Stich an.
Dieser Stich funktioniert ähnlich wie der Knopflochstich, nur dass die Nadel nicht durch die entstehende Schlaufe geführt werden muss.

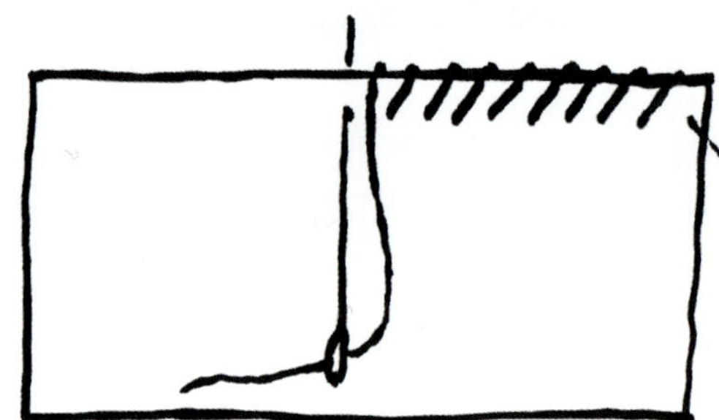

c) Heft- oder Vorstich

Auch hier wird von rechts nach links gearbeitet. Dabei die Nadel etwa 0,5 cm vom Stoffrand weg parallel zum Stoffrand immer von unten nach oben und dann wieder von oben nach unten durch den Stoff stechen.
Damit die entstehenden Lücken geschlossen werden, lasse ich die Kinder bei diesem Stich zwei Mal um die Form herumnähen. In der zweiten Runde wird dann immer die Lücke geschlossen.

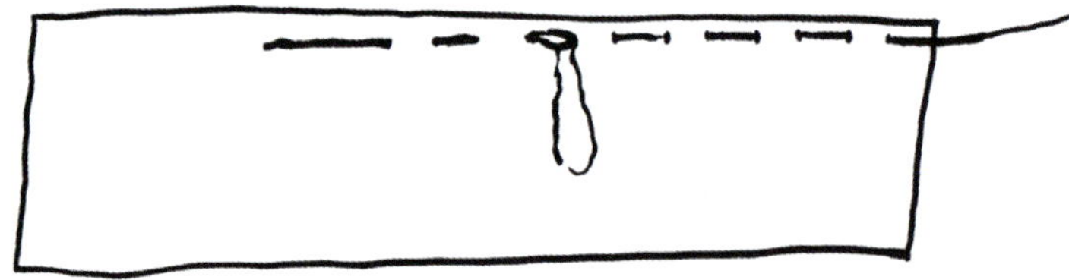

Tipp:

Als erste Näharbeit wähle ich im 1. Schuljahr gerne das Nikolaus-Säckchen.
Die Kinder müssen hierbei „nur" zwei gerade Nähte nähen, sind recht zügig mit ihrer Arbeit fertig und hoch motiviert.
Das Endergebnis wirkt, egal wie viele „Nähfehler" sich eingeschlichen haben, immer toll!

Die Nikolaus-Säckchen, Nikolaus-Socken und die Nikoläuse dienten uns jeweils als Adventskalender. Jedes Kind nähte seine Arbeit, diese wurde von mir gefüllt und in der Klasse an einer Schnur aufgehangen. Jedes Kind schrieb seinen Namen auf einen Zettel, dieser kam in eine Dose und ab dem 1. Dezember haben wir jeden Tag einen Namen gezogen. Dieses Kind durfte dann seine Arbeit abhängen, aufmachen und mit nach Hause nehmen.

Genähte Herzen

Zeit:

2–3 Unterrichtsstunden

Material:

Stoffreste in Rottönen, (evtl. roter Filz), Papier, 1 Stecknadel, Schere (Papier und Stoff), Nähnadel, dünnes Stickgarn, Füllwatte, 1 Bleistift, schmale Satin- oder Geschenkbänder, Perlen

Bereiche & Schwerpunkte:

„Räumliches und Textiles Gestalten" mit den Schwerpunkten „Erproben von Materialien", „Zielgerichtet gestalten und präsentieren"

Lernziele & Kompetenzerwartungen:

- Verbinden zweier Stoffteile (zusammennähen)
- Schaffen eines dreidimensionalen Objektes
- **Wahrnehmen textiler Eigenschaften und Unterscheiden von Textilien (wenn unterschiedliche Stoffe zur Auswahl vorhanden sind)**

Info:

Als Stoffreste eignen sich sehr gut dickere Baumwollstoffe, möglichst in Rottönen, die nicht zu sehr „fransen". Aber auch wild gemusterte Stoffe führen zu dekorativen Herzen. Am leichtesten zu nähen ist Filz, dieser ist jedoch teuer und oft nicht in den benötigten Mengen als Rest vorhanden.
Eine schöne Wirkung erzielen Sie auch, wenn Sie eine Seite aus Filz und die andere Seite aus gemustertem Stoff gestalten. Hervorragend geeignet sind auch geblümte, karierte oder gestreifte Stoffe in Pastellfarben.
Tipp: Mit zusätzlichen Bändern und kleinen Perlen lässt sich das genähte Herz auch aufwändig gestalten.

Aufgabenstellung:

„Ein Herz zum Verschenken" – Anlass kann der bevorstehende Muttertag, der Valentinstag oder auch Weihnachten sein.

Einstieg:

Eine Beispielarbeit ist sicher motivierend und veranschaulicht den Kindern, wie das Ergebnis aussehen könnte. Falls unterschiedliche Stoffe zur Auswahl vorhanden sind, sollten Sie darauf hinweisen, dass sich dünnere Stoffe schwerer nähen und zuschneiden lassen, als festere Stoffe!

Vorgehensweise:

Zuschneiden: Zwei Stoffe werden links auf links gelegt, mit einer Stecknadel festgesteckt und das Herz mit Hilfe der ebenfalls dabei mit festgesteckten und zuvor schon ausgeschnittenen Vorlage ausgeschnitten.
Als Schnittmuster können Sie die Kopiervorlage (s. S. 36) anbieten oder die Kinder

ein eigenes Herz entwerfen lassen. Dieses sollte dann vorher auf jeden Fall auch als „Schnittmuster“ aus Papier ausgeschnitten werden.

Zusammennähen: Zum Zusammennähen würde ich den Knopfloch-Stich wählen, weil er eine dekorative Kante ergibt (s. allgemeine Infos S. 19). Aber auch der einfache Stich ist für ungeschicktere Kinder möglich.
Begonnen wird an der oberen Mitte des Herzens, dieses wird dann ca. 7 / 8 zugenäht.

Füllen: Mit Hilfe von Füllwatte wird nun das Herz ausgestopft. Dabei darauf achten, dass die untere Spitze mit gefüllt wird, eventuell einen umgedrehten Bleistift zu Hilfe nehmen lassen. Nicht zu viel Füllwatte verwenden, damit das Herz nicht „platzt“!

Band: Nun wird das „Füllloch“ zugenäht und kurz vor Schluss auch noch das Band zum Aufhängen (doppelt nehmen!) eingenäht.

Mögliche noch zusätzliche Verzierungen: Auch an die Herzspitze können schmale Bänder und Kordeln angenäht werden.
An deren Enden könnte man noch Perlen anknoten.

Kriterien zur Leistungsbewertung:

Da ein „Herz“, das ich verschenke, immer ein sehr persönliches Geschenk ist, würde ich hierbei auf eine Benotung verzichten.

Bestickte Herzen aus Pappe

Zeit:

1 – 2 Unterrichtsstunden

Material:

Schmierpapier, Stifte, Schere, roter Fotokarton, praktisch sind 1 Prickelnadel und 1 Prickelfilz (eventuell 1 dicke Nähnadel und 1 Pappunterlage), dünnes, rotes Baumwollgarn (oder Stickgarn), Nähnadel mit Spitze und großem Öhr

Bereiche & Schwerpunkte:

„Räumliches und Textiles Gestalten" jeweils mit dem Schwerpunkt „Erproben von Materialien" und „Zielgerichtet gestalten";
„Grafisches Gestalten" mit dem Schwerpunkt „Erproben von Materialien" und „Zielgerichtet gestalten"

Lernziele & Kompetenzerwartungen:

- Gestalten eines „Herzens"
- **Umgang mit unterschiedlichen Materialien**
- **Experimentieren mit Material und Erproben von Materialverbindungen**
- **Erproben von grafischen Mitteln in der Gestaltung**
- **grafische Mittel und Bildzeichen schmückend und verzierend einsetzen**

Einstieg:

Wir verschenken ein Herz zum Muttertag (oder Valentinstag).

Aufgabenstellung:

Überlege dir, wie du dein Herz verzieren möchtest. Steche dein Muster zuerst mit der Nadel vor und sticke es dann mit dem Garn aus. Dabei müssen nicht alle Muster ausgestickt werden.

Vorgehensweise:

Entwurf Herz: Auf einem „Schmierpapier" kann jedes Kind seine Herzform entwerfen. Diese wird dann ausgeschnitten, auf den roten Fotokarton übertragen und ebenfalls ausgeschnitten.
Sie können auch die Kopiervorlage von den genähten Herzen (s. S. 36) als Schnittmuster anbieten.

Muster stechen: Am Einfachsten gelingt dies mit Hilfe einer Prickelnadel und Prickelfilz. Ist beides nicht vorhanden, kann man sich mit einer dicken Nähnadel und einer dicken Pappunterlage behelfen.
Die Kinder stechen ihr Muster vor. Dabei dürfen die Löcher nicht zu eng beieinanderliegen, damit nichts einreißen kann (Abstand 2 mm).

Sticken: Je nach Muster wird nun mit rotem Garn gestickt. Dabei können z. B. die Löcher am äußeren Rand dazu genutzt werden, die Herzform zu umsticken. Andere Muster und Formen werden einfach nachgestickt.

Tipp:

Wer möchte, kann das fertige Herz noch laminieren. Dadurch wird es haltbarer und staubt nicht so schnell ein.

Variation des Themas:

Mit der gleichen Technik lassen sich auch Sterne, z. B. aus goldener Pappe, mit Goldgarn besticken.

Kriterien zur Leistungsbewertung:

Dinge, die von Herzen kommen, sollten meiner Meinung nach nicht mit Noten bewertet werden!

Küken aus Filz

Zeit:
2–3 Unterrichtsstunden

Material:
pro Kind eine gelbe Filzplatte (20 x 30 cm), Papierschere, Stoffschere, Stecknadel, gelbes dünnes Garn, Nähnadel (mit Spitze), Füllwatte, kleine Perlen oder Pailletten, Federn in verschiedenen Farben, schwarze Filzreste, Flüssigkleber / Textilkleber

Bereiche & Schwerpunkte:
„Textiles Gestalten" mit den Schwerpunkten „Erproben von Materialien, Techniken und Werkzeugen", „Zielgerichtet gestalten und präsentieren"

Lernziele & Kompetenzerwartungen:
- Kennenlernen von Nähtechniken
- Schaffen eines dreidimensionalen Objektes
- **Experimentieren mit Material und Erproben von Materialverbindungen**
- **Aneinanderfügen von textilem und nicht textilem Material**
- **Schmücken von Räumen**

Info:
Die Küken können natürlich auch in anderen Farben genäht werden. Richten Sie sich darauf ein, dass viele Kinder gerne noch ein zweites Küken nähen möchten.

Aufgabenstellung:
Aus Filz sollen die Küken zusammengenäht, ausgestopft und dekoriert werden. Ziel ist es, diese an einem Zweig aufzuhängen.

Vorgehensweise:
Zuschnitt: Je nach Geschick der Kinder werden die Küken vom Lehrer oder von den Kindern zugeschnitten. Dabei darauf achten, dass der Filz schon beim Zuschneiden doppelt gelegt wird und am besten mit einer Stecknadel zusammengesteckt ist.

Nähen: Zum Zusammennähen würde ich den Knopfloch-Stich wählen, weil er eine dekorative Kante ergibt (s. allgemeine Infos S. 19). Aber auch der einfache Stich ist für ungeschicktere Kinder möglich.
Daran denken, den Faden doppelt zu nehmen und beide Enden miteinander zu verknoten.
Man beginnt beim Nähen am besten kurz hinter der Bauchmitte (s. Schnitt) und lässt zum Schluss am Bauch ca. 3 cm zum Stopfen offen.

Füllen: Mit Hilfe von Füllwatte wird nun das Küken ausgestopft. Dabei nicht zu fest ausstopfen lassen, sonst gehen eventuell nicht so gut genähte Nähte auf. Nach dem Füllen wird das Küken weiter zusammengenäht.

Schmücken: Wenn geeignete Perlen oder Pailletten vorhanden sind, werden diese als Augen aufgenäht. Es ist aber auch möglich, kleine schwarze Filzpunkte auszuschneiden und mit Flüssigkleber oder Textilkleber als Augen aufzukleben.
Die Federn werden an den Seiten angenäht. Dabei immer eine Feder nach der anderen Feder annähen.
Nähen Sie die Küken mit der ersten Klasse, können Sie die Federn auch ankleben lassen. Der Nachteil ist, dass die Federn auch leicht wieder abgehen.
Zwei, drei bunte Federn an jeder Seite lassen die Küken fröhlich und bunt erscheinen!

Kriterien zur Leistungsbewertung:

1. Haben die Kinder selbst ausgeschnitten: Wie genau wurde geschnitten?
2. Wie sorgfältig wurde genäht?
3. Wie aufwändig wurde das Küken dekoriert?

Kopiervorlage
Genähte Herzen

BVK

Kopiervorlage
Küken aus Filz

BVK

Nikolaus-Säckchen

Zeit:
2 – 3 Unterrichtsstunden

Material:
pro Kind 1 rote Filzplatte (ca. 20 x 30 cm), 1 Stecknadel, rotes, grünes oder gelbes dünnes Garn, 1 Nähnadel (mit Spitze), Schere, Tonpapier, Locher, Faden, ca. 25 cm schmales Geschenkband (Schön ist eins in Gold!)

Bereiche & Schwerpunkte:
„Textiles Gestalten" mit den Schwerpunkten „Erproben von Materialien, Techniken und Werkzeugen", „Zielgerichtet gestalten" und „Präsentieren"

Lernziele & Kompetenzerwartungen:
- Kennenlernen einer Nähtechnik
- Schaffen eines dreidimensionalen Objektes
- **Experimentieren mit Material und Erproben von Materialverbindungen**
- **Schmücken von Räumen**

Aufgabenstellung:
Wir nähen ein Säckchen für unseren Adventskalender.

Vorgehensweise:
Die rote Filzplatte wird in der Mitte gefaltet und mit einer Stecknadel zusammengesteckt. Somit müssen die Kinder ihr Säckchen nur noch unten und auf einer Seite umnähen. Die obere schmale Seite bleibt offen. Als Stich führe ich hier gerne schon den Knopflochstich ein. Es zeigt sich dann recht schnell, welche Kinder damit nicht klar kommen. Diesen können Sie anbieten, den einfachen Stich zu verwenden.

Achtung: Viele Kinder sind so eifrig beim Nähen, dass bei mir schon einige das Säckchen rundherum zugenäht haben. Also, aufpassen!

Namensschild: Als Namensschild schneiden die Kinder einen gelben Stern aus Tonpapier aus. Diesen mit einem Locher lochen und einen Faden als Aufhänger einfädeln.

Fertigstellen: Das fertige Säckchen wird vom Lehrer gefüllt und mit Namensschild und Geschenkband zugebunden. Das Aufhängen kann mit Hilfe von Wäscheklammern an einer Leine erfolgen!

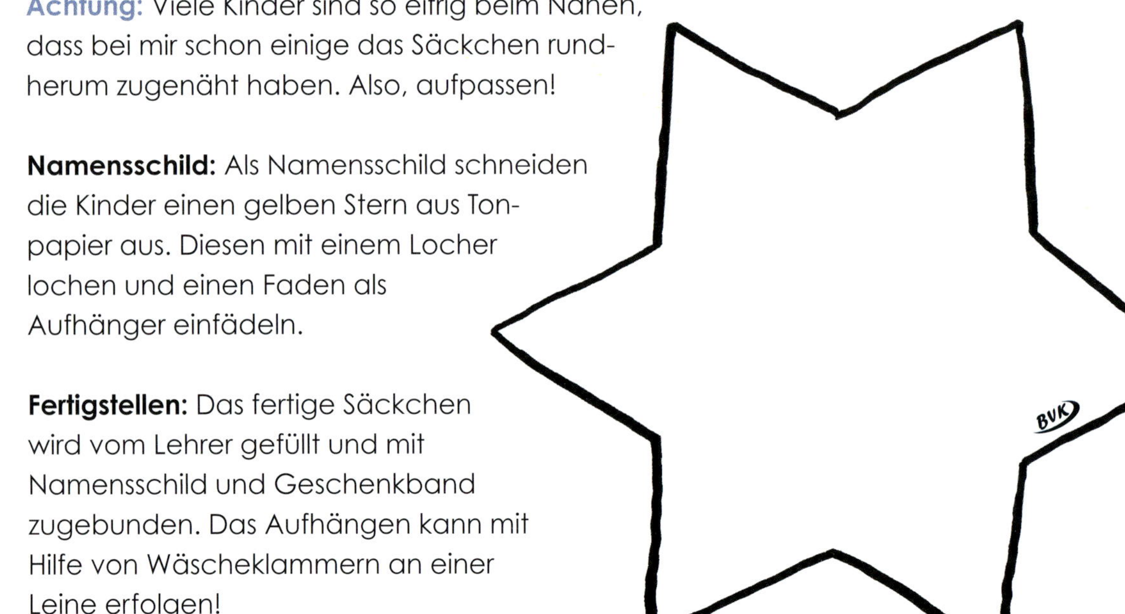

NÄHEN

Nikolaus-Socke

Zeit:
2–3 Unterrichtsstunden

Material:
pro Kind 1 doppelt ausgeschnittene Socke aus Stoffresten, 1 Stecknadel, 1 Nähnadel (mit Spitze), rotes, grünes oder gelbes dünnes Garn, ca. 25 cm lange und schmale Geschenkbandreste (Schön sind welche mit Gold!), 1 Stern aus Tonpapier als Geschenkanhänger

Bereiche & Schwerpunkte:
„Textiles Gestalten" mit den Schwerpunkten „Erproben von Materialien, Techniken und Werkzeugen", „Zielgerichtet gestalten" und „Präsentieren"

Lernziele & **Kompetenzerwartungen:**

- Erproben einer Nähtechnik
- Schaffen eines dreidimensionalen Objektes
- **Schmücken von Räumen**

Aufgabenstellung:
Wir nähen für unseren Adventskalender eine Socke zum Befüllen.

Info:
Als Stoffreste eignen sich sehr gut dickere Baumwollstoffe, möglichst in Rottönen, die nicht zu sehr „fransen". Aber auch wild gemusterte Stoffe mit weihnachtlichen Motiven ergeben dekorative Socken. Besonders schön wirkt der Adventskalender, wenn die Socken aus vielen verschiedenen Stoffen genäht werden. Also eine gute Möglichkeit, auch kleinere Stoffreste zu verwerten!

Vorgehensweise:

1. **Zuschneiden:** Zwei Stoffe werden links auf links gelegt, mit einer Stecknadel festgesteckt und die Socke mit Hilfe der Vorlage ausgeschnitten.

2. **Zusammennähen:** Zum Zusammennähen würde ich den Knopfloch-Stich wählen, weil er eine dekorative Kante ergibt (s. „Nähen – Allgemeine Informationen" S. 19). Aber auch der Vorstich ist für ungeschicktere Kinder möglich. Oben bleibt die Socke offen.

3. **Band:** Am hinteren Teil der Socke kann man oben noch goldene Geschenkbandreste annähen. Dadurch wird die Socke weihnachtlicher.

Die fertigen Socken werden vom Lehrer gefüllt und mit einem Namensschild versehen (z. B. der Stern vom Nikolaus-Säckchen). Das Aufhängen erfolgt mit Hilfe von Wäscheklammern an einer Schnur oder Leine.

Kopiervorlage Socke

NÄHEN

Nikoläuse aus Filz

Zeit:
2–3 Unterrichtsstunden

Material:
pro Kind 1 rote Filzplatte (20 x 30 cm), 1 / 2 Platte weißen und etwas schwarzen Filz, Stoffschere, Textilkleber, rotes dünnes Garn, Nähnadel (mit Spitze), Klebestift, ca. 25 cm schmales Geschenkband oder Goldkordel, eine möglichst dicke Nadel mit Spitze

Bereiche & Schwerpunkte:
„Textiles Gestalten" mit den Schwerpunkten „Erproben von Materialien, Techniken und Werkzeugen", „Zielgerichtet gestalten und präsentieren"

Lernziele & Kompetenzerwartungen:
- Kennenlernen von Nähtechniken
- Schaffen eines dreidimensionalen Objektes
- **Experimentieren mit Material und Erproben von Materialverbindungen**
- **Aneinanderfügen von textilem Material**
- **Schmücken von Räumen**

Aufgabenstellung:
Wir nähen Nikolausgesichter für unseren Adventskalender.

Vorgehensweise:
Zuschnitt: Zur Motivation habe ich alle Nikoläuse und Bärte für jedes Kind vorgeschnitten mitgebracht (Vorlagen s. S. 27).

Nähen: Zuerst wird der „Backenbart" auf eine der beiden roten Teile aufgeklebt und dann die beiden roten Teile (mit Bart) zusammengenäht. Dabei an der eingezeichneten Stelle beginnen und unten herum wieder bis zur eingezeichneten Stelle nähen lassen. Oben bleibt der Nikolaus offen, damit er befüllt werden kann. Die Kinder können sich den Stich aussuchen. Ich bevorzuge immer den Knopfloch-Stich, weil er eine dekorative Kante ergibt (s. allgemeine Infos S. 19).
Daran denken, den Faden doppelt zu nehmen und beide Enden miteinander zu verknoten.

Gesicht gestalten: Der Schnurrbart wird mit einem Klebestift auf einer Seite eingeschmiert und auf das Gesicht geklebt. Aus weißen Filzresten schneiden die Kinder nun zwei „Eier" und aus schwarzen Filzresten zwei Punkte aus. Die schwarzen Punkte werden auf die weißen „Eier" geklebt und ergeben die Augen. Diese werden nun ebenfalls aufgeklebt.

Namensschild: Damit jedes Kind seinen Nikolaus wiederfindet, erhält dieser noch ein Namensschild an das Band zum Aufhängen. Dies kann in Form eines Sternes sein (Anleitung s. S. 21).

Fertigstellen: Zum Aufhängen wird nun das Band mit Hilfe einer dicken Nadel oben durchgezogen und beide Enden werden miteinander verknotet. Anschließend wird der Nikolaus gefüllt und aufgehangen. Einfacher als Geschenkband lässt sich Goldkordel durchziehen.

Kriterien zur Leistungsbewertung:

Da der Nikolaus als Adventskalender dient, würde ich hier auf eine Bewertung verzichten!

Kopiervorlage
Nikoläuse

Start

Stopp

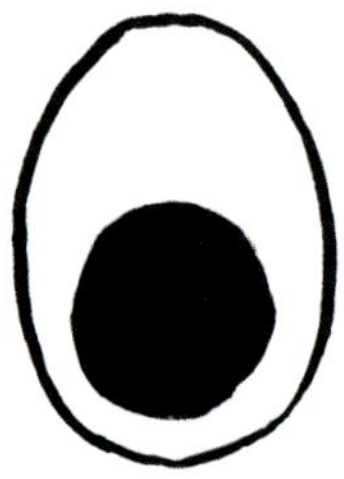

BVK

Tannenbäume aus Filz

Zeit:
2–3 Unterrichtsstunden

Material:
grüner Filz (oder andere Stoffe), Stoffschere, grünes, rotes oder goldenes dünnes Garn, 1 Stecknadel, Nähnadel (mit Spitze), Füllwatte, kleine Perlen, Sternchen mit Loch oder Pailletten, evtl. 1 Bleistift, Klebstoff, Gold- oder Silberkordel

Bereiche & Schwerpunkte:
„Textiles Gestalten" mit den Schwerpunkten „Erproben von Materialien, Techniken und Werkzeugen", „Zielgerichtet gestalten und präsentieren"

Lernziele & Kompetenzerwartungen:
- Kennenlernen von Nähtechniken
- Schaffen eines dreidimensionalen Objektes
- **Experimentieren mit Material und Erproben von Materialverbindungen**
- **Aneinanderfügen von textilem und nicht textilem Material**
- **Schmücken von Räumen**

Info:
Die Tannenbäume können aus grünem Filz, aber natürlich auch aus anderen Stoffen (z. B. rot-weiß kariertem Baumwollstoff) genäht werden. Oder Sie verwenden Stoffe mit weihnachtlichen Aufdrucken. Einfach mal in der Stoffkiste kramen!

Aufgabenstellung:
Zum Schmücken (z. B. des Weihnachtsbaumes oder von Tannenzweigen) sollen Tannenbäume als Weihnachtsschmuck hergestellt werden.

Vorgehensweise:
Zuschnitt: Je nachdem wie klein Sie die Tannenbäume nähen lassen wollen, würde ich kleine Bäume selbst ausschneiden. Wenn Sie von der Kopiervorlage (s. S. 30) die großen Bäume nehmen, können die meisten Kinder diese auch selbst ausschneiden.
Dabei darauf achten, dass der Filz (oder der Stoff) schon beim Zuschneiden doppelt genommen wird und mit einer Stecknadel zusammengesteckt ist.

Nähen: Zum Zusammennähen würde ich den Knopfloch-Stich wählen, weil er eine dekorative Kante ergibt (s. allgemeine Infos S. 19). Aber auch der einfache Stich ist für ungeschicktere Kinder möglich. Daran denken, den Faden doppelt zu nehmen und beide Enden miteinander zu verknoten. Man beginnt beim Nähen am besten unten an der äußeren Kante und näht den Baum so zusammen, dass er unten zum Stopfen offen bleibt.

Füllen: Mit Hilfe von Füllwatte wird nun der Baum ausgestopft. Darauf achten, dass auch die Baumspitze mit Watte ausgefüllt wird. Eventuell mit einem umgedrehten Bleistift nachhelfen. Nach dem Füllen wird alles zugenäht.

Schmücken: Wenn geeignete Perlen, Sternchen oder Pailletten vorhanden sind, werden diese als Baumdekoration aufgenäht.
Es ist aber auch möglich, kleine Sterne mit Klebstoff aufzukleben. Leider ist dies nicht sehr haltbar.

Aufhängen: Als Aufhänger kann der gleiche Faden benutzt werden, mit dem der Baum zusammengenäht worden ist. Noch dekorativer ist Gold- oder Silberkordel.

Kriterien zur Leistungsbewertung:

1. Haben die Kinder selbst ausgeschnitten: Wie genau wurde geschnitten?
2. Wie sorgfältig wurde genäht?
3. Wie aufwändig wurde der Tannenbaum dekoriert?

Kopiervorlage Tannenbaum

Zapfenmännchen

Zeit:
2 Unterrichtsstunden

Material:
pro Kind einen Tannenzapfen, eine Wattekugel (Durchmesser 4–5 cm, je nach Größe des Tannenzapfens), Heißkleber, 2 Holzperlen (in verschiedenen Farben), T-Shirt-Stoff, Stoffschere, Nähnadel und Faden, Wasserfarbe und Pinsel, schwarzer Filzstift, Watte, ca. 1–1,5 cm breite Geschenkbandreste

Bereiche & Schwerpunkte:
„Räumliches und Textiles Gestalten" jeweils mit dem Schwerpunkt „Erproben von Materialien" und „Zielgerichtet gestalten"

Lernziele & Kompetenzerwartungen:
- Zusammennähen eines dehnbaren Stoffes
- Gestalten eines „Männchens"
- **Bauen mit unterschiedlichen Materialien**
- **Bauen von Objekten mit Alltagsmaterialien und Fundstücken**
- **Textile Eigenschaften wahrnehmen**
- **Aneinanderfügen von textilem und nicht textilem Material**

Info:
Tannenzapfen können die Kinder prima selbst sammeln. Wichtig ist, die gesammelten Zapfen gut zu trocknen (Heizung) und eine Zeit lang liegen zu lassen, damit (bis zu Beginn der Arbeiten) keine Insekten herauskrabbeln. Die Stunde wäre sonst gelaufen. Das Aufkleben der Wattekugel und der Perle als Nase mit Heißkleber sollte schon im Vorfeld vom Lehrer erfolgen. Kleben Sie diese auch schon auf dem Tannenzapfen fest.

Einstieg:
Jeweils ein „Mustermännchen" als Junge und als alter Mann steigern die Motivation und sind für viele Kinder eine gute optische Hilfe, um die Aufgabe zu verstehen. Als „Rohlinge" sollten die Tannenzapfen schon einen aufgeklebten Kopf (Wattekugel) mit einer Perle als Nase haben.

Aufgabenstellung:
Die Zapfenmännchen sollen ein Gesicht erhalten und eine Zipfelmütze aufgesetzt bekommen.

Vorgehensweise:
Rohlinge herstellen: Die Wattekugeln werden mit Hilfe des Heißklebers auf die Seite des Tannenzapfens geklebt, die am Baum befestigt war. Die Nase (Holzperle) wird entsprechend platziert.

Gesicht vorbereiten: Mit Hilfe von Wasserfarbe wird der Kopf bemalt. Die beste Gesichtsfarbe erhält man, wenn Ocker mit etwas Deckweiß vermischt wird. Die Farbe mit etwas Wasser auf die Wattekugel auftragen und trocknen lassen.

Mütze nähen: Aus T-Shirt-Stoff (z. B. von ausrangierten T-Shirts) werden die Mützen zugeschnitten (s. Schnittmuster). Dies kann der Lehrer vorbereiten oder im 4. Schuljahr den Stoff auch von den Kindern zuschneiden lassen.
Achtung: Dies geht nur mit einer vernünftigen Stoffschere!

Schnittmuster Mütze

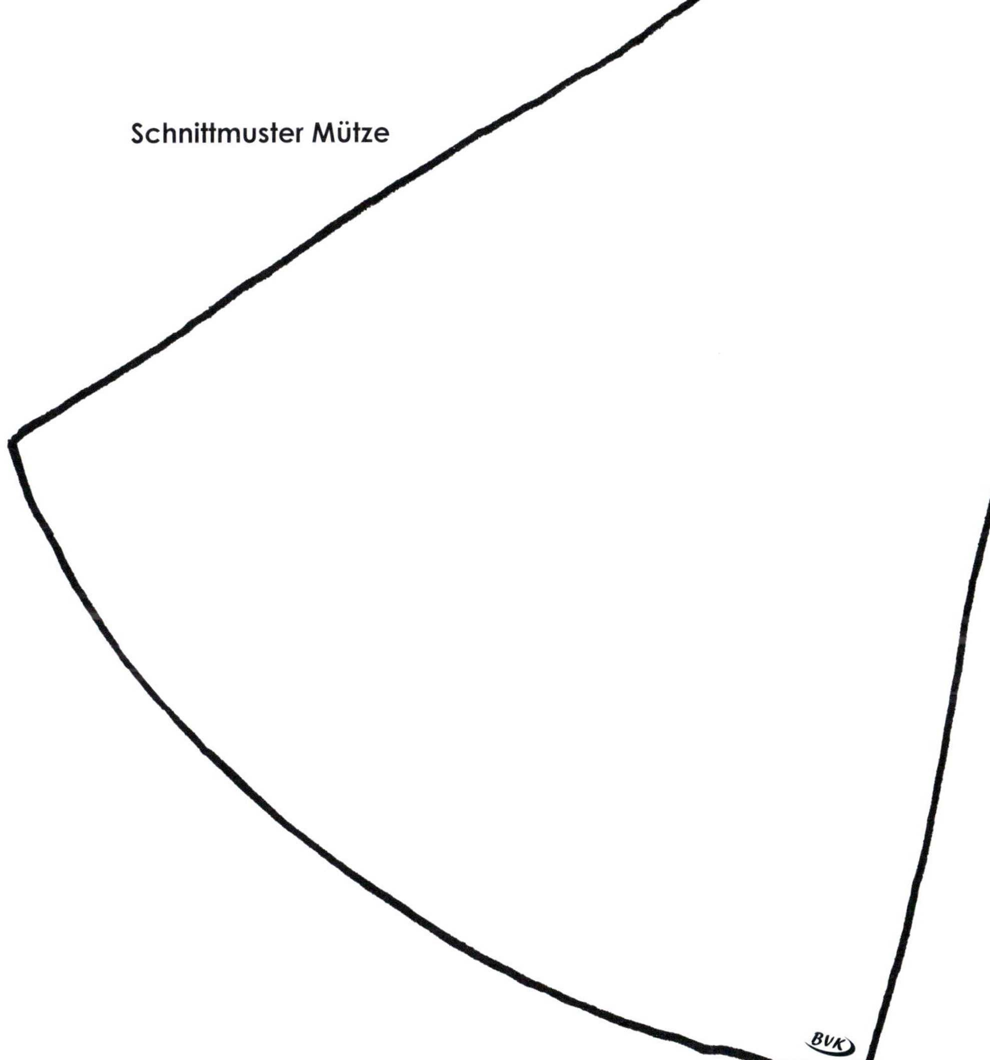

Als Faden kann ein gleichfarbiger oder stark kontrastierender Farbton gewählt werden. Den Faden am besten doppelt nehmen und am Ende verknoten.
Das Zusammennähen der Mütze erfolgt mit Hilfe des Knopflochstiches oder des einfachen Stiches (s. allgemeine Infos S.19 und 20).
Genäht wird von der Öffnung der Mütze hin zum „Zipfel“. Am Zipfel angelangt, wird mit dem Rest des Fadens die Perle an den Zipfel angenäht.

Mütze aufsetzen: Die Öffnung der Mütze wird ca. 1 cm nach außen hin umgeschlagen.
Das Ankleben erfolgt am besten durch einen **Erwachsenen** mit Heißkleber oder durch die Kinder selbst, dann aber mit Flüssigkleber.

Gesicht gestalten: Auch die Perle als Nase muss mit dem Heißkleber angeklebt werden. Mit dem Filzstift werden nun Augen (eventuell mit Augenbrauen), Nase und Mund aufgezeichnet. Zum Schluss kann noch ein Bart aus Watte (am besten eignen sich Wattepads) geschnitten und aufgeklebt werden.

Schal umbinden: Aus einem etwa 20 cm langen Geschenkbandrest kann ein „Schal" umgebunden werden. Es können aber auch aus dem T-Shirt-Stoff geschnittene Streifen verwendet werden.

Kriterien zur Leistungsbewertung:

1. Wie sorgfältig wurde die Mütze zusammengenäht?
2. Wie ausdrucksstark ist das Gesicht gelungen?
3. Wie wirkt das Zapfenmännchen insgesamt?

Topf-Blumen

Zeit:
2–3 Unterrichtsstunden

Material:
Stoffreste (Baumwolle, Filz), 1 Stecknadel, Stoffschere, Papierschere, Stifte, Papier, 1 lange Nähnadel mit Spitze, dünnes Baumwollhäkelgarn oder Stickgarn, Füllwatte, Stock (ca. 20–24 cm lang, 6–8 mm Ø), große Knöpfe, grüne Filzreste oder grünes Tonpapier, Prickelnadel und Prickelunterlage, Blumendraht, kleiner Blumentopf oder bemalte Dose, evtl. Pinsel, Acrylfarben, Papier, Klebstoff, Sand, Tapetenkleister

Bereiche & Schwerpunkte:
„Räumliches und Textiles Gestalten" mit den Schwerpunkten „Erproben von Materialien", „Zielgerichtet gestalten und präsentieren"

Lernziele & Kompetenzerwartungen:
- Verbinden zweier Stoffteile (zusammennähen)
- **Wahrnehmen von unterschiedlichen textilen Stoffen**
- **Aneinanderfügen von textilem und nicht textilem Material**
- **Erproben von Verbindungsmitteln**
- **Gestalten der Fensterbank**

Info:
Als Stoffreste eignen sich sehr gut dickere Baumwollstoffe, die nicht zu sehr „fransen". Leicht zu nähen ist Filz. Da jede Blume aus einem anderen Stoff sein kann, können hier auch kleinere Stoffreste verwendet werden.
Als Garn dünnes Baumwollhäkelgarn in verschiedenen Farben anbieten.
Als Stock kann man alles nehmen. Am besten eignen sich Haselnussäste, da diese meist schön gerade gewachsen sind. Aber auch Bambus oder andere Äste sind prima.
Eine Knopfkiste ist meiner Meinung nach ein Muss in jeder Grundschulklasse.
Mit Knöpfen kann man nicht nur wunderbar zählen und rechnen, sondern den Kindern macht es eine fast meditative Freude, in den Knöpfen zu „wühlen" und die zwei schönsten auszuwählen.

Einstieg & Aufgabenstellung:
„Wir wollen den Frühling (oder Sommer) in die Klasse holen und Blumen für unsere Fensterbank herstellen." Eine Beispielarbeit ist sicher motivierend und zeigt den Kindern, wie das Ergebnis aussehen könnte.

Tipp:
Die Topfblumen eignen sich nicht nur als Dekoration für die Fensterbank, sondern auch hervorragend als Elterngeschenk oder zum Verkauf beim Frühlingsfest oder -markt. Sie sind auch ein toller „Hingucker" als Tischdeko für die Cafeteria.

Vorgehensweise:

1. **Zuschneiden:** Zwei Stoffe werden links auf links gelegt, mit einer Stecknadel festgesteckt und die Blume mit Hilfe der Vorlage (s. S. 44) ausgeschnitten.
   Als Schnittmuster können Sie die Kopiervorlage anbieten oder die Kinder eine eigene Blume entwerfen lassen. Diese sollte vorher auf jeden Fall auch als „Schnittmuster" aus Papier ausgeschnitten werden!

2. **Zusammennähen:** Zum Zusammennähen gibt es verschiedene Stichmöglichkeiten. Ich habe den Schülern alle drei Stiche von Seite 19 und 20 zur Auswahl angeboten.

   Zunächst werden die Blütenblätter bis auf das letzte Blütenblatt zusammengenäht.

3. **Füllen:** Mit Hilfe von Füllwatte wird nun die Blume ausgestopft. Dabei darauf achten, dass nicht zu viel Füllwatte verwendet wird!

4. **Stiel und Knöpfe:** Das letzte Blütenblatt wird nun bis auf einen Zentimeter zugenäht und der Stock durch die Füllwatte bis ganz oben zum Ende der Blume geschoben. Mit einigen Stichen um den Stock wird dieser fixiert.

   Auch die Knöpfe fixieren den Stock. Dazu werden die beiden Knöpfe oben und unten auf jeweils eine Seite der Blume angehalten und gleichzeitig festgenäht. Die Nähnadel geht also durch das Knopfloch des ersten Knopfes durch die Blume neben dem Stock vorbei hinein und durch das Knopfloch des zweiten Knopfes auf der Rückseite wieder hinaus. Dann geht die Nadel durch das andere Knopfloch des zweiten Knopfes wieder zurück und durch den ersten Knopf wieder hinaus. Dieser Vorgang sollte mehrmals wiederholt werden.

   Hinweis: Dies ist der schwierigste Teil und eventuell benötigen einige Kinder dabei Hilfe!

5. **Blätter:** Für die Blätter können Sie den Kindern das Schnittmuster der Kopiervorlage (s. S. 44) anbieten oder eigene Blätter entwerfen lassen. Aus grünem Filz oder Tonpapier zwei Blätter ausschneiden und mit Hilfe einer Nadel (Nähnadel oder Prickelnadel) vorlochen lassen (s. Kopiervorlage, s. S. 44).
   Für jedes Blatt wird ein ca. 20 cm langer Blumendraht „eingewebt" und am oberen Ende einmal umgeknickt. Anschließend die Blätter am Stock befestigen. Dazu das überstehende lange Drahtende so lange fest um den Stock wickeln, bis sich das Blatt direkt am Stock befindet. Dabei am unteren Teil des Stockes genügend Platz für das „Eintopfen" lassen!

6. **Eintopfen:** Als Topf kann ein kleiner Blumentopf aus Ton oder Plastik dienen. Aber auch bemalte kleine Blechdosen, Marmeladengläser oder Joghurtbecher können als Pflanzgefäße herhalten. Diese können vor dem Eintopfen von den Kindern bemalt oder beklebt werden.

   Den Tapetenkleister möglichst dick anrühren (für feste Tapeten) und anschließend mit dem Sand vermengen. Dabei so viel Sand verwenden, dass die Masse relativ trocken, aber ganz vom Kleister durchzogen ist. Nun die Sandmasse in das Pflanzgefäß geben.

   Achtung: Bei Blumentöpfen vorher das Loch von innen mit einem dicken Papier verschließen!

   Die Blume mit dem Stock in die Masse stecken, den Sand gut andrücken und mindestens 2 Tage lang trocknen lassen.

Kriterien zur Leistungsbewertung:

1. Beim Eigenentwurf: Form der Blüte beurteilen.
2. Wie sorgfältig wurde genäht?
3. Gestaltung des Pflanzgefäßes – passt es zur Blume?

Kopiervorlage Topf-Blumen

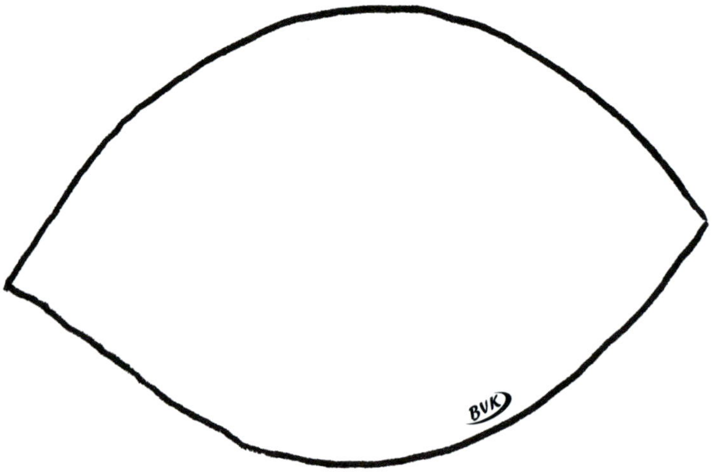

Genähte Fische

Zeit:
2–3 Unterrichtsstunden

Material:
Stoffreste, möglichst fester Baumwoll- oder Leinenstoff, Stecknadel, 1 gute Stoffschere, Papier, Bleistift, Papierschere, 1 Nähnadel, dünnes Stickgarn (Baumwollhäkelgarn), möglichst naturfarben, Füllwatte, 1 Bleistift, Perlen, Pailletten

Bereiche & Schwerpunkte:
„Räumliches und Textiles Gestalten" mit den Schwerpunkten „Erproben von Materialien", „Zielgerichtet gestalten und präsentieren"

Lernziele & **Kompetenzerwartungen:**

- Herstellen eines dreidimensionalen Objektes
- Einsatz dieses Objektes als Dekoration
- **Verbinden zweier Stoffteile (zusammennähen)**
- **Wahrnehmen von unterschiedlichen textilen Stoffen**

Info:
Als Stoffreste eignen sich sehr gut festere Baumwoll- oder Leinenstoffe (z. B. Käseleinen), möglichst in Naturtönen, Blautönen oder mit interessanten Mustern, die nicht zu sehr „fransen".
Als Garn zum Zusammennähen habe ich dünnes, naturfarbenes Baumwollhäkelgarn genommen.

Einstieg & Aufgabenstellung:
„Wir angeln uns einen Fisch" – Anlass waren bei uns die bevorstehenden Sommerferien.
Wie bei allen Gestaltungsaufgaben bietet es sich an, vorher eine Beispielarbeit anzufertigen.

Tipp:
Hervorragend geeignet sind auch edle, glänzende Stoffe in diversen Grün- und Blautönen. Mit zusätzlichen Perlen und Pailletten lässt sich der Fisch von geschickten und geduldigen Kindern zu einem echten „Regenbogenfisch" gestalten.

Vorgehensweise:
Zuschneiden: Zwei Stoffe werden links auf links gelegt, mit einer Stecknadel festgesteckt und die Fischform mit Hilfe der Vorlage ausgeschnitten. Für Kinder aus dem ersten Schuljahr schneide ich in der Regel die Fische aus. Ältere Kinder schaffen dies aber auch alleine. Achten Sie darauf, gut schneidende Stoffscheren zu benutzen!

Als Schnittmuster können Sie die Kopiervorlage (s. S. 47) anbieten oder die Kinder einen eigenen Fisch entwerfen lassen. Dieser sollte vorher auf jeden Fall auch als „Schnittmuster" aus Papier ausgeschnitten werden und stark vereinfacht sein. Darauf achten, dass die Verbindung von Fischkörper und Schwanzflosse nicht zu schmal wird.

Zusammennähen: Zum Zusammennähen haben wir im ersten Schuljahr den einfachen Heftstich gewählt und den Fisch zwei Mal umnäht. Beim zweiten Mal wurden immer die gebliebenen Lücken genäht. Zum Füllen den Bauch offen lassen!

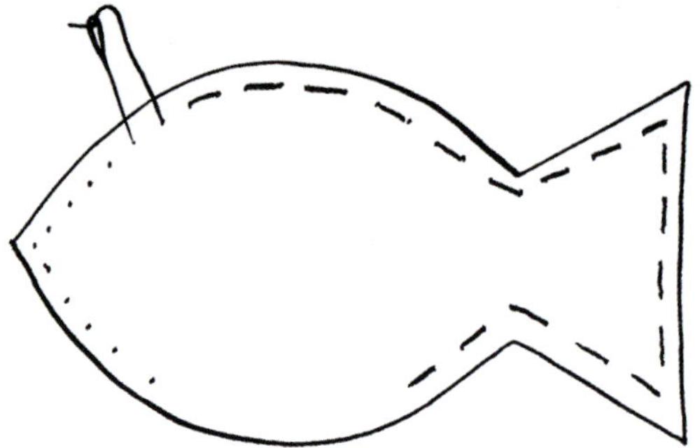

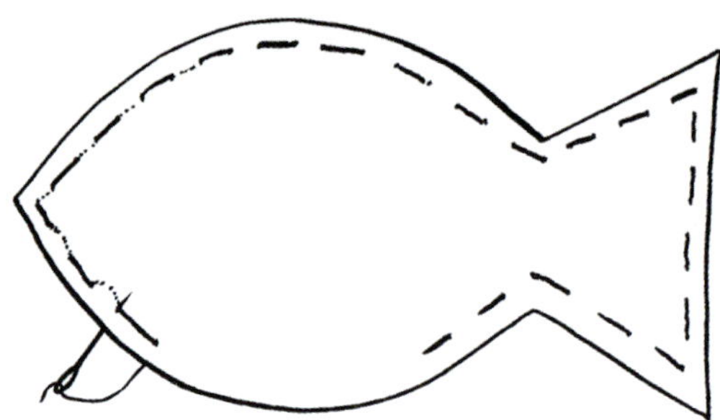

Dabei darauf achten, dass der Schwanz auch Füllwatte erhält (eventuell mit einem umgedrehten Bleistift nachhelfen). Nicht zu viel Füllwatte verwenden lassen, damit der Fisch nicht zu fett wird.

Fertigstellen: Nun wird das „Füllloch" zugenäht – auch wieder hin und zurück. Anschließend können noch Perlen als Augen aufgenäht werden.
Will man die Fische als Dekoration aufhängen, bietet es sich an, die Schnur am Maul des Fisches zu befestigen. So sehen die Fische aus wie frisch geangelt!

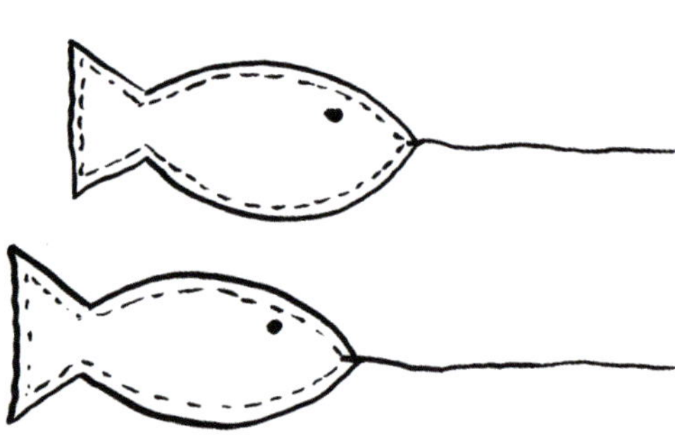

Kriterien zur Leistungsbewertung:

1. Bei eigenem Entwurf: Ist die Form als Fisch zu erkennen?
2. Bei selbstständigem Ausschneiden: Wie sorgfältig wurde geschnitten?
3. Wie sorgfältig wurde genäht?
4. Sind die Stiche nicht zu groß?

Kopiervorlage Genähte Fische

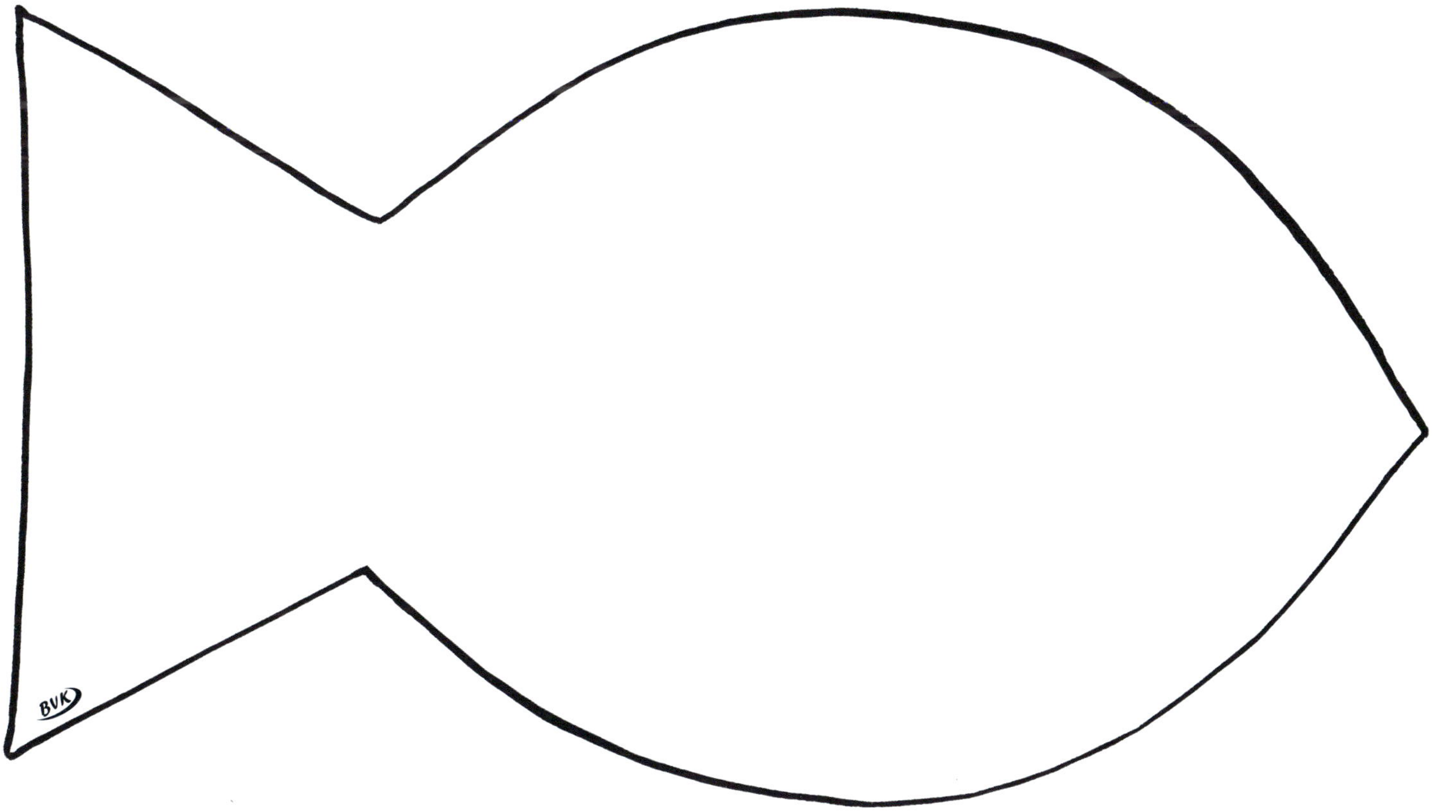

BVK

Pappmaché – Allgemeine Informationen

Die Arbeit mit Pappmaché ist eine preiswerte Möglichkeit, plastisch mit Kindern etwas zu modellieren.
Neben einer ausreichenden Menge an Zeitungspapier benötigen Sie nur noch Tapetenkleister. Malerkrepp (Klebeband zum Abkleben beim Anstreichen) kann helfen, Formen kurzzeitig so zu fixieren, dass diese mit Kleister und Zeitungspapier eingearbeitet werden können.

Wichtig ist die Vorbereitung der Arbeitsplätze!
Da Kleistern immer mit „Schmiererei" verbunden ist, sollten Sie Folgendes beachten:

1. Tische unbedingt mit Wachstuchdecken oder Plastikfolie abdecken.
2. Tapetenkleister rechtzeitig anrühren – er braucht ca. 20 Minuten, bis er verarbeitungsfähig ist.
3. Den Tapetenkleister in große flache Schüsseln abfüllen, damit die Kinder gut an den Kleister kommen.
4. Günstig ist eine Schüssel Kleister für 2 Kinder. Möglich ist es auch, zu viert mit einer Schüssel auszukommen.
5. Die fertigen Werke zum Trocknen auf alte Plastiktüten auf die Fensterbank stellen.
6. Beim Säubern der Tische erst einmal alle Kleisterreste mit Papiertüchern abwischen, erst danach die Decken feucht säubern.
7. Vor dem Händewaschen die groben Kleisterreste erst mit einem Papiertuch abwischen, dieses in den Müll werfen und erst anschließend die Hände mit Wasser und Seife waschen.
8. Geringe Kleisterreste in den Behältern eintrocknen lassen. Sie lassen sich dann getrocknet gut entfernen.
9. Größere Mengen Kleisterreste gehören nicht ins Waschbecken oder in die Toilette (Verstopfungsgefahr)! Besser die Reste in eine Plastiktüte kippen und diese in den Hausmüll entsorgen.

Hinweis:

Zeitungspapier lässt sich geschmeidiger mit Kleister verarbeiten, wenn es vorher geknüddelt und von beiden Seiten mit Kleister eingeschmiert wird. Dann wird das Papier weicher und lässt sich besser in Form bringen.

Als Einstieg in die Pappmaché-Technik kann ich nur die Hühner empfehlen.
Sie lassen sich recht schnell und einfach herstellen und wirken selbst dann noch gut, wenn sie etwas „krumm und schief" geraten sind.

Hühner

Zeit:
3 Unterrichtsstunden

Material:
pro Kind 1 Luftballon, Zeitungspapier, Tapetenkleister, Behälter zum Anrühren, Schalen, Rührstab, Malkittel, Malerkrepp, weiße Wandfarbe oder Abtönfarbe, Borstenpinsel, Fotokartonreste in Rot und Gelb, Schere, Klebstoff, weiße Federn, schwarze Marker

Bereich:
„Räumliches Gestalten" mit den Schwerpunkten „Erproben von Materialien, Techniken und Werkzeugen" und „Zielgerichtet gestalten"

Lernziele & **Kompetenzerwartungen:**
- Erfahren der Dreidimensionalität
- Betrachten des Objektes von allen Seiten
- Umgang mit dem Material Pappmaché
- Luftballon als Ausgangsform nutzen und verändern
- **Figuren mit formbarem Material gestalten (Pappmaché)**
- **Umgestalten eines Alltagsgegenstandes zum Kunstobjekt**

Aufgabenstellung:
Wir schaffen uns unseren eigenen „Hühnerhof". Jedes Kind baut ein Huhn!

Vorgehensweise:
Körper: Der nicht zu groß aufgepustete Luftballon wird mit ca. 5 Schichten Kleisterpapier ummantelt. Dazu vorher das Zeitungspapier in etwa handgroße Stücke zerreißen lassen. Damit der Ballon nicht immer wegrollt, aus einer Zeitungsseite eine „Wurst" rollen, dabei auch Kleister verwenden. Diese „Wurst" zu einem Ring formen.
Der Ring dient erst als „Halterung", wird aber nach der 5. Schicht Zeitungspapier um den Ballon als „Fuß" mit eingekleistert.

Kopf: Der Kopf entsteht durch einen gut mit Kleister durchgekneteten „Zeitungsball". Dieser wird an einer der schmaleren Seiten des eingekleisterten Ballons aufgesetzt und mit eingekleisterten Zeitungsstreifen am Körper fixiert.
Die Grundform des Huhnes nun 1 Woche gut trocknen lassen.

Bemalung: Mit weißer Wand- oder Abtönfarbe wird das Huhn von allen Seiten weiß angemalt (Trockenzeit ca. 1 Tag).

Ausgestaltung: Aus rotem Fotokarton einen Hühnerkamm und zwei „Tropfen" ausschneiden und aufkleben lassen. Der Schnabel entsteht aus einem gelben Dreieck, welches geknickt aufgeklebt wird (Vorlagen s. S. 54). Links und rechts werden noch je eine weiße Feder als Flügel aufgeklebt. Die Augen mit dem schwarzen Marker aufmalen. Schon ist das Huhn fertig!

Kopiervorlage Hühner

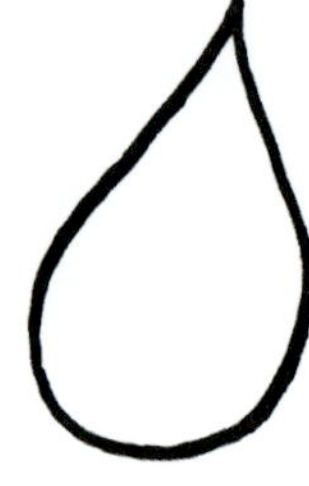

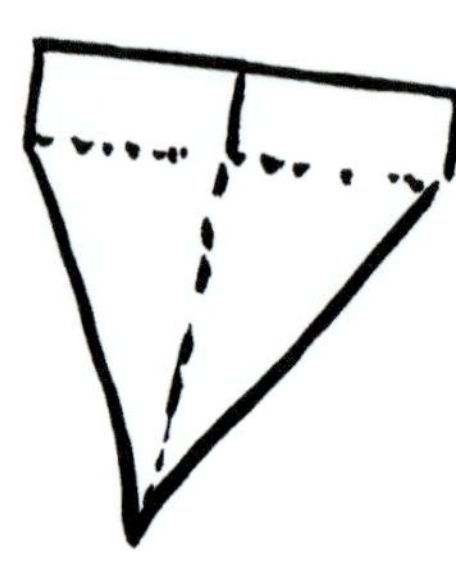

Kriterien zur Leistungsbewertung:
Die Hühner habe ich als erste Kleisterversuche genutzt, da sie gerade durch ihre Einfachheit wirken. Daher würde ich hier auf eine Leistungsbeurteilung verzichten. Gut zu bewerten sind bei dieser Gestaltungsaufgabe die Organisation am Arbeitsplatz, Zuverlässigkeit beim Aufräumen und das Saubermachen.

„Flaschengeister“ – Nikolaus & Engel

PAPPMACHÉ

Zeit:

3 – 4 Unterrichtsstunden

Material:

pro Kind eine Glasflasche (z. B. Wein- oder Sektflasche), Schmierpapier / Kunsttagebuch, Stifte, Zeitungspapier, Spezial-Tapetenkleister, Behälter zum Anrühren, mehrere Schüsseln, Rührlöffel / -stab, Wasser, Malerkrepp, Watte, Fotokarton, weiße Abtönfarbe oder Wandfarbe, alte Borstenpinsel, Malkittel, Plastiktüten, Farben zum Bemalen (Farbkasten, Abtönfarben, besser geeignet sind jedoch wasserlösliche Acrylfarben), schwarze Marker, eventuell noch Goldfolie, Stoffe und Spitzen als Dekorationsmaterial, Heißklebepistole, evtl. Wolle und weiße Filzreste

Bereich:

„Räumliches Gestalten“ mit den Schwerpunkten „Erproben von Materialien, Techniken und Werkzeugen“ und „Zielgerichtet gestalten“

Lernziele & **Kompetenzerwartungen:**

- Erfahren der Dreidimensionalität
- Betrachten des Objektes von allen Seiten
- Umgang mit dem Material Pappmaché
- Flaschenform als Ausgangsform nutzen und verändern
- bewusster Einsatz von plastischen Formen als dekoratives Element
- bewusster Einsatz von Farbe zur Unterstützung der dekorativen Elemente
- **Figuren mit formbarem Material gestalten (Pappmaché)**
- **Umgestalten eines Alltagsgegenstandes zum Kunstobjekt**

Einstieg:

Als Einstieg bietet es sich an, ein Beispielexemplar zu zeigen. Es ist auch möglich, den Kindern die Aufgabe ohne Anschauungsobjekt als „Knobelaufgabe“ zu präsentieren.

Vorgehensweise:

Vorüberlegung: Bevor die Flasche mit Pappmaché bearbeitet wird, sollten die Kinder sich entscheiden, ob daraus ein Engel oder ein Nikolaus werden soll, und die markanten Gestaltungselemente überlegen. Hilfreich ist es auch, eine kleine Skizze anfertigen zu lassen (Kunsttagebuch). Dabei ist es nicht zwingend notwendig, dass die Zeichnung anschließend auch genauso umgesetzt wird, sondern es soll sich eine Idee entwickeln. Im plastischen Arbeitsprozess werden weitere Ideen hinzukommen und dürfen mit einbezogen werden. Lassen Sie die Kinder frei experimentieren!

Herstellen der Figur (Dauer ca. 2 Unterrichtsstunden): Die Glasflasche dient als „Grundkörper“. Damit sie standfest bleibt, soll der Boden der Flasche nicht mit bearbeitet werden. Die Flasche wird zuerst mit Hilfe von Zeitungspapier und ausreichend Tapetenkleister ummantelt. Nach der ersten Schicht können schon plastische Formen aufgetragen werden.

Hinweis:
Mit Malerkrepp kann die Grundform gut stabilisiert werden.
Deshalb genügend davon bereitstellen.
Der Tapetenkleister muss dickflüssig angerührt werden (200 g Spezialkleister auf 3 Liter Wasser). Auch Kleister benötigen Sie in ausreichenden Mengen (ca. 1 Paket für 8 – 10 Kinder).

Nikolaus: Für den Nikolaus kann eine Seite Zeitungspapier mit Kleister zu einem „Sack" geformt werden. Dieser wird mit Malerkrepp fixiert und dann wieder mit Kleister und Zeitungspapier eingearbeitet. Als „Mantel" können mehrere Lagen Papier „umgehangen" werden. Wichtig ist, dass immer Kleister zwischen dem Papier ist.
Auf den Flaschenhals wird der Kopf gesetzt. Dieser entsteht durch einen gut mit Kleister durchgekneteten „Zeitungsball". Damit der Kopf an der Flasche hält, muss er mit mehreren schmalen Streifen Kleisterpapier vom oberen Kopf in Richtung Hals verbunden werden. Mütze und langer Bart können dann anschließend geformt und aufgesetzt werden.

Tipp: Watte mit Kleister ergibt eine hervorragende Modelliermasse, mit der auch feine Details, wie z. B. das Gesicht, modelliert werden können – lassen Sie es Ihre Kinder ausprobieren!

Engel: Beim Engel bietet es sich an, die Flügel aus Fotokarton so auszuschneiden, dass beide Flügel in der Mitte miteinander verbunden bleiben (s. Kopiervorlage S. 51). Diese Mitte dient als Klebestelle zum Ankleben mit Hilfe von Kleisterpapierstreifen. Die Flügel dürfen nicht zu groß sein!

Tipp:
Einige meiner Kinder hatten die Idee, die Flügel ganz zum Schluss aus Goldfolie anzufertigen und mit Heißkleber ankleben zu lassen! Den Heißkleber sollte die Lehrkraft benutzen.
Auch beim Kopf des Engels kamen den Kindern viele Ideen. Nachdem der Kopf als Kleisterball (s. Nikolaus) angeklebt war, wurden zuerst lange Haare (die auch die Flügel festigen können) angebracht. Einige Kinder klebten danach noch zusätzlich Wolle als Haare auf.

Ist die Grundform um die Flasche herum soweit fertig, sollten nochmals ein, zwei Lagen aufgeklebt werden, damit alle angeklebten Teile gut fixiert sind.

Achtung: Anschließend muss die Figur eine Woche lang gut durchtrocknen!

Grundieren (Dauer ca. 20 Minuten): Vor der Bemalung wird die Figur mit weißer Farbe grundiert.
Weiße Wandfarbe eignet sich dazu sehr gut. Verwenden Sie dafür alte Borstenpinsel, da diese Farbe zwar sehr gut deckt, aber schlecht aus den Pinseln auszuwaschen ist.
(Trockenzeit: ca. 1 Tag)

Bemalung: Beim Bemalen der Figur muss zuerst die Untergrundfarbe – beim Nikolaus z. B. Rot – aufgetragen werden. Ist diese getrocknet, werden Details aufgemalt. Mit einem schwarzen Marker die Gesichter einzeichnen lassen.

Weitere Ausgestaltung: Je mehr sich die Kinder mit ihren Figuren beschäftigten, desto mehr Ideen hatten sie: So erhielt der Nikolaus neben dem aufgemalten Bart auch noch einen Bart aus Watte. Auch Augenbrauen können noch aufgeklebt werden. Weißer Filz verzierte Mantel und Mütze.

Die Engel erhielten nach der Bemalung noch Schleier aus unserer Stoffkiste (mit goldenen Bändern wurden diese befestigt) Spitzen an die Kleider, Haare aus Engelshaar oder es wurde Wolle aufgeklebt. Auch die Goldfolie als Krone oder für die Flügel kam gerne zum Einsatz.

Kopiervorlage Flügel für den Engel

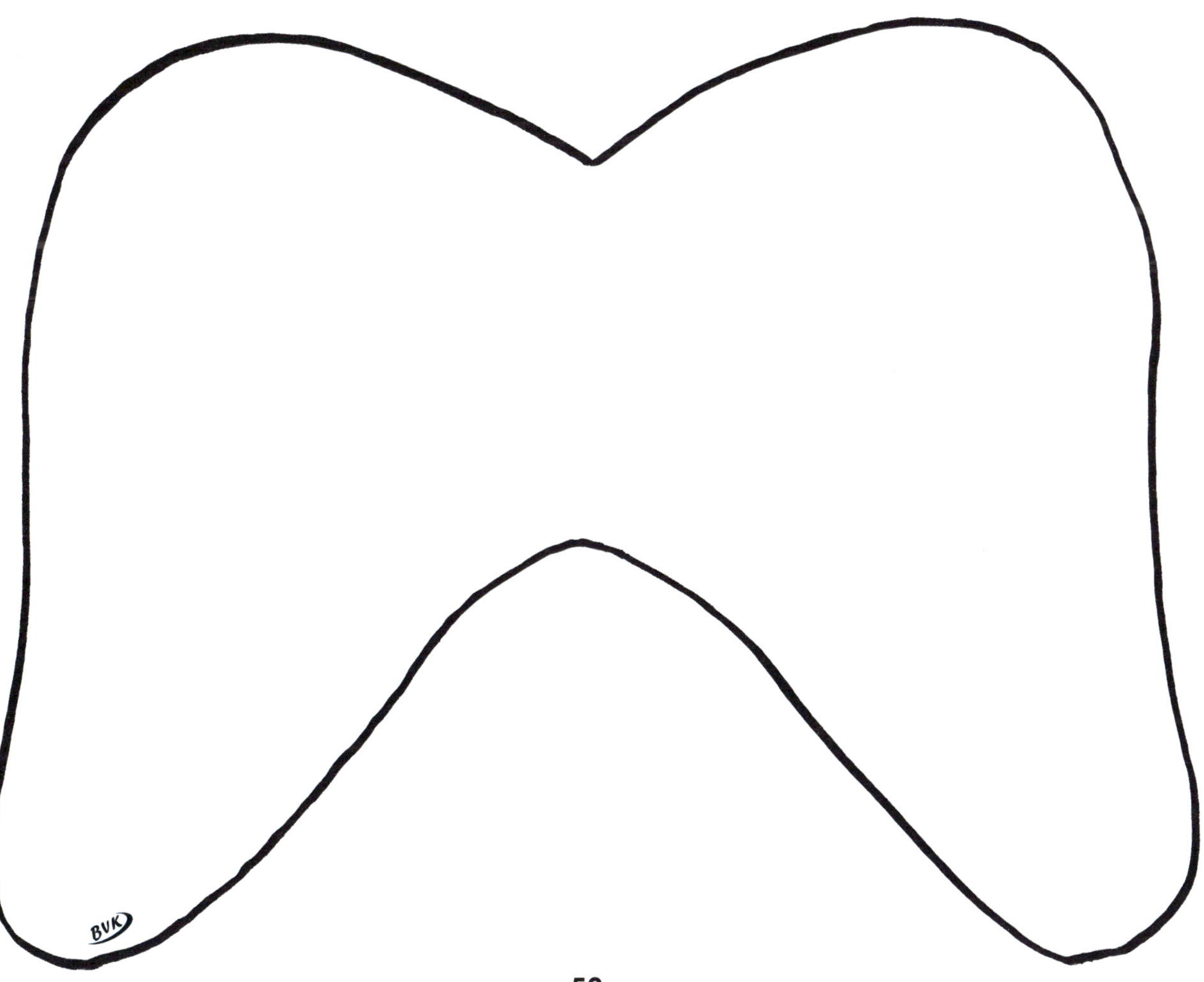

Kriterien zur Leistungsbewertung:

1. Kann ich die Figur als Nikolaus / Engel erkennen?
2. Wie sorgfältig wurde mit Pappmaché gearbeitet?
3. Ist die Figur standfest?
4. Wie sorgfältig wurde die Bemalung durchgeführt?
5. Wurde die Figur dekorativ ausgestaltet?
7. Wie ist der Gesamteindruck?

Dosen aus Weißblech – Allgemeine Informationen

Ich weiß nicht, ob Sie auch den Werbespruch „Ich war einmal eine Dose" kennen. Weißblechdosen haben mich schon als Kind fasziniert und ich habe sie gerne gesammelt. Sie dienten meist als Aufbewahrungsbox für Stifte oder Pinsel. Auch für die Klasse habe ich immer Dosen gesammelt und als Behältnis für alles Mögliche genutzt. So entstanden einige Gestaltungsaufgaben rund um die Dose, die Sie unbedingt mit Ihren Kindern ausprobieren sollten.

Dosen-Hasen mit Kresse / Gras bepflanzt

Zeit:

1 – 2 Unterrichtsstunden

Material:

Dosen aus Metall (z. B. von Mais, Erbsen ...), evtl. braune Acrylfarbe, Malkittel, Pinsel, Schmierpapier, Stifte, braunes, rosafarbenes und weißes Tonpapier, schwarzer Marker, Bast, Schere, Klebestift, Pflanzerde, Esslöffel, Kresse- oder Ostergrassamen, kleine Gießkanne mit Wasser

Bereiche & Schwerpunkte:

„Räumliches Gestalten" mit dem Schwerpunkt „Zielgerichtet gestalten und präsentieren"

Lernziele & Kompetenzerwartungen:

- Gestalten eines dekorativen Pflanzgefäßes als Osterdekoration
- **Gestalten von Räumen und verändern der Raumwirkung**
- **Verwandeln von Gegenständen des täglichen Lebens**

Einstieg:

Wenn Sie einen fertigen Dosen-Hasen als Einstieg zeigen wollen, beachten Sie, dass der Kresse- / Grassamen etwa 1 bis 2 Wochen benötigt, bis ein gutes Ergebnis zu sehen ist.

Aufgabenstellung:

Als Ostergeschenk wollen wir aus unserer Dose ein dekoratives Pflanzgefäß herstellen.

Vorgehensweise:

Die Dose können Sie im „Rohzustand" verwenden oder vorher mit brauner Acrylfarbe grundieren lassen. Wir haben sie „roh" benutzt.

Hasengesicht: Für das Gesicht können die Kinder die Kopiervorlage (s. S. 60) benutzen oder eine eigene Hasenschablone herstellen.
Dabei ist zu beachten, dass die Ohren und das Gesicht einzeln hergestellt werden. Die Kopiervorlage des Gesichtes erst ganz in Braun ausschneiden lassen. Anschlie-

ßend Augen und Hasenzähne ausschneiden und aufkleben. Vor dem Aufkleben sollten die Augen und die Ohren mit dem Marker bearbeitet werden. Die Ohren werden hinten auf die Dose geklebt, das Gesicht vorne. Bevor die Nase aufgeklebt wird, einige etwa 10 cm lange Bastfäden aufkleben. Ist kein Bast vorhanden, kann auch die Kopiervorlage (s. S. 60) (in schmale Streifen geschnitten) mit einem Klebestift aufgeklebt werden.

Bepflanzen: Die Pflanzerde am besten mit einem Esslöffel in die Dose füllen und immer gut andrücken. Etwa 2 cm vor dem Dosenrand mit dem Einfüllen aufhören und nun den Samen einstreuen. Dabei ruhig großzügig sein! Der Samen wird anschließend mit einer etwa 1 cm dicken Erdschicht abgedeckt. Nun angießen!

Pflege: Die Dosen auf die Fensterbank stellen. Jedes Kind sollte jeden Morgen sein Gefäß etwas gießen. Stellen Sie eine kleine Gießkanne bereit. Oft kann man nach drei Tagen schon die ersten Sprösslinge sehen. Damit Kresse oder Ostergras dekorativ hochwachsen kann, sollten Sie etwa zwei Wochen einplanen.

Kriterien zur Leistungsbewertung:

1. Bei eigenem Entwurf: Wie sind Gesicht und Ohren gelungen?
2. Wie sorgfältig wurde ausgeschnitten und aufgeklebt?
3. Wie gewissenhaft wurden die Pflanzen gepflegt?

Kopiervorlage Dosen-Hasen

BVK

BVK

BVK

BVK PA193 • Astrid Friedrich • Kunsthandwerken mit Kindern

Bemalte Dosen

Zeit:
1–2 Unterrichtsstunden

Material:
Dosen aus Metall (z. B. von Mais, Erbsen ...), Malkittel, Acryllack (wasserlöslich, in verschiedenen Farben), Borstenpinsel in verschiedenen Breiten (auch ganz feine), Schmierpapier / Kunsttagebuch, Stifte, Wattestäbchen

Bereiche & Schwerpunkte:
„Räumliches, farbiges und grafisches Gestalten" jeweils mit dem Schwerpunkt „Zielgerichtet gestalten"

Lernziele & Kompetenzerwartungen:
- Flächen durch farbiges Gestalten gliedern
- **schmückender und verzierender Einsatz von grafischen Mitteln**
- **Verwandeln von Gegenständen des täglichen Lebens**

Info:
Gestalten lassen sich alle Arten von Dosen. Kaffee- und Erdnussdosen sind jedoch meist nicht so stabil und verformen sich leicht unter Kinderhänden!
Achtung: Die Innenkanten der Dosen können etwas scharfkantig sein! Weisen Sie Ihre Kinder darauf hin, dass sie vorsichtig mit den Dosen umgehen.

Einstieg:
Die bemalten Dosen können vielerlei Funktionen übernehmen: Als Stifte- oder Pinseldosen, zum Bepflanzen mit Grassamen oder Kresse (zu Ostern) oder als „Pflanzgefäß" für die Stoffblumen.

Aufgabenstellung:
Eine Dose soll bemalt und dazu ein Muster überlegt werden.

Vorgehensweise:
Eventuell muss vorher der Begriff „Muster" geklärt werden. Als Muster wird ein gleichbleibendes, sich wiederholendes Bildzeichen bezeichnet.

Grundieren: Die Dose erhält zuerst eine Untergrundfarbe. Diese kann auch schon, in Streifen angelegt, verschiedene Farben erhalten. Der Untergrund sollte antrocknen. In der Zwischenzeit können sich die Kinder die „Feinmusterung" überlegen und auf einem Schmierpapier oder im Kunsttagebuch vorzeichnen. Am besten zeichnen Sie als Beispiel einige einfache Muster an die Tafel!

Feinmusterung: Nun werden mit dünnen Pinseln kleinere Formen als Muster aufgemalt: Punkte, Striche, Zickzackmuster – je nach Geschicklichkeit der Kinder. Punkte lassen sich auch prima mit Wattestäbchen „malen". Dazu die Farbe mit einem Borstenpinsel gut anrühren und dann mit dem Wattestäbchen auf die Dose auftragen.

Kriterien zur Leistungsbewertung:

1. Wie ideenreich sind die Muster?
2. Passt die Farbauswahl?
3. Wie sorgfältig wurde gearbeitet?

Variation des Themas:

Beklebte Dosen:

Die mit einer Farbe grundierten Dosen können auch mit Papieren und Tapetenkleister beklebt werden.
Dazu können Muster oder Motive aus Geschenkpapier ausgeschnitten und / oder Streifen aus bedrucktem Papier (z. B. aus Illustrierten oder von Geschenkpapier) geschnitten und jeweils mit Kleister auf die Dosen geklebt werden.

Hinweis:

Das Aufkleben sollte in jedem Fall mit Kleister erfolgen, damit das Papier ein wenig durchweicht und sich der Struktur der Dose anpassen kann. Dies gelingt nicht mit flüssigem Klebstoff oder Klebestiften!

Wir haben auch „Wörterdosen" hergestellt. Diese wurden weiß grundiert. Aus Tageszeitungen oder auch Illustrierten wurden Wörter ausgeschnitten. Dabei kann z. B. ein Thema gestellt werden: Sommerwörter, Freundschaftswörter, Schulwörter … der Fantasie sind dabei keine Grenzen gesetzt.

Wichtig beim Ausschneiden der Wörter ist, dass die Ecken abgerundet werden, damit sich die aufgeklebten Wörter nicht so schnell lösen können.

Tipp:

Mit Klarlack eingesprüht oder eingepinselt werden die Dosen haltbarer!

Dosen-Lichter

Zeit:
1 – 2 Unterrichtsstunden

Material:
Dosen aus Metall (z. B. von Mais, Erbsen …), Zeitungspapier, 1 dicken langen Nagel, Hammer, wenn möglich einen Schraubstock, 1 Esslöffel, 1 Teelicht
Zum Verzieren: Silber-, Kupfer- oder Messingdraht, Goldpapier, Perlen, Glitzersterne (am besten mit Loch), Goldfolie, eventuell Glitter, flüssigen Klebstoff

Bereiche & Schwerpunkte:
„Räumliches Gestalten" mit dem Schwerpunkt „Erproben von Materialien und Werkzeugen" und „Grafisches Gestalten" mit dem Schwerpunkt „Zielgerichtet gestalten"

Lernziele & **Kompetenzerwartungen:**

- Experimentieren mit dem Material „Metall"
- Erproben der Werkzeuge Hammer und Nagel
- Einsatz von grafischen Mitteln (hier Punkte = Löcher) als Schmuckelemente
- **Verwandeln von Dingen des täglichen Lebens (Dosen) und Umgestaltung (als dekoratives Licht)**

Info:
Die Dosen müssen recht stabil sein. Kaffee- und Erdnussdosen sind für diese Arbeit absolut nicht geeignet, da sie zu stark verbeulen!

Einstieg:
Insbesondere zur Vorweihnachtszeit lassen sich die Dosenlichter gut einsetzen. Bemalt man sie anschließend mit kräftigen bunten Farben, können sie auch im Sommer stimmungsvolle Lichter abgeben.

Aufgabenstellung:
Die Dose soll mit möglichst vielen „Löchern" verziert werden. Die Löcher sollen ein Muster bilden.

Vorgehensweise:
Vorbereitung:
Damit die Dosen beim „Behämmern" nicht zu stark verbeulen, müssen sie gut mit Zeitungspapier ausgestopft werden. Dazu das Zeitungspapier blattweise knüddeln und in die Dose stopfen, bis sie ganz voll ist.

Achtung: Bei manchen Dosen ist der Rand oben scharfkantig. **Verletzungsgefahr!**
Zum Nachstopfen kann auch gut der Hammerstiel eingesetzt werden.

Hämmern: Mit Hilfe eines dickeren und möglichst langen Nagels und einem nicht zu kleinen Hammer (ca. 300 g) werden nun Löcher in die Dose gehämmert.
Zum Fixieren der Dose ist am besten ein Schraubstock (Werkbank) geeignet.
Ist keiner vorhanden, kann auch in Partnerarbeit gearbeitet werden: Ein Kind hält die Dose oben und unten fest, während das zweite Kind vorsichtig hämmert.

Achtung:

Ist die Dose fertig „gehämmert", muss das Zeitungspapier aus der Dose entfernt werden. Da sich im Inneren der Dose scharfe und spitze Kanten an jedem Loch gebildet haben, ist hierbei äußerste Vorsicht geboten: **Verletzungsgefahr!** Wir haben den Stiel eines Esslöffels zum Heraushebeln des Zeitungspapiers benutzt.

Verzieren: Die Dosen wirken auch sehr schön ohne Verzierungen. Den Kindern macht es jedoch viel Spaß, ihre Dose festlich zu verzieren.
Perlen oder Glitzersterne können auf Zierdraht aufgezogen und um die Dose gewickelt werden. Aus Goldfolie können Sterne ausgeschnitten und zwischen die Drähte gesteckt werden.
Wenn Glitter vorhanden ist, kann man einige Stellen mit flüssigem Klebstoff einstreichen und dann mit dem Glitter bestreuen!

Hinweis:

Die Kinder neigen schnell dazu, ihre Dose zu „überladen" – ein, zwei Sterne und ein wenig Golddraht reichen meist völlig aus.

Kriterien zur Leistungsbewertung:

Wenn die Kinder sich untereinander helfen, ist die Teamarbeit ein wichtiges Kriterium zur Leistungsbewertung. Ansonsten kommt es darauf an, wie geübt die Kinder im Umgang mit Hammer und Nagel sind. „Gelungen" sind alle Ergebnisse, die viele Löcher haben und somit viel Licht durchscheinen lassen.

Bei geübten Kindern können folgende Kriterien gelten:

- Ist ein Muster (oder Bild) erkennbar?
- Wurde die Dose möglichst wenig verbeult?
- Passt die Dekoration zur Dose?
- Verdeckt die Dekoration nicht zu viele Löcher?
- Was ergibt der „Leuchttest"?
  Beim Leuchttest die Klasse möglichst abdunkeln, ein Teelicht in die Dose hineinstellen und anzünden.

Lichter aus Goldfolie

Zeit:
1 Unterrichtsstunde

Material:
pro Kind 1 Streifen beidseitig kaschierte Goldfolie (Schneidemaschine / Größe s. Vorarbeit S. 65), evtl. 1 Falzbein, 1 Prickelnadel und Prickelfilz, 1 Tacker, 1 Glas und 1 Teelicht

Bereiche & Schwerpunkte:
„Räumliches Gestalten" mit dem Schwerpunkt „Erproben von Materialien und Werkzeugen" und „Grafisches Gestalten" mit dem Schwerpunkt „Zielgerichtet gestalten"

Lernziele & **Kompetenzerwartungen:**
- Bauen eines dreidimensionalen Objektes
- **Erproben des Werkzeuges Prickelnadel**
- **Experimentieren und bauen mit dem Material „Goldfolie"**
- **Einsatz von grafischen Mitteln (hier Punkte = Löcher) als Schmuckelemente**

Info:
Die Goldfolie gibt es beidseitig kaschiert. Gut sieht es aus, wenn man zwei verschiedene Farben z. B. Gold / Rot oder Gold / Silber nimmt.
Die Technik „Prickeln" wird teilweise auch „Pricken" genannt.

Hinweis:
Die Teelichter werden in ein Glas gestellt und das „Licht aus Goldfolie" wird über das Glas gestülpt. Als Glas kann man alles nehmen: preiswerte Windlichter (z. B. aus dem Einrichtungshaus), Babynahrungsgläschen, kleine Marmeladengläser, aber auch größere Gläser sind denkbar – dann werden die Lichter aus Goldfolie eben entsprechend größer.
Diese Lichter sind schnell hergestellt, werden immer schön aussehen und toll leuchten, auch wenn ungeschicktere Kinder sich daran versuchen.

Einstieg:
Eindrucksvoll ist es, wenn Sie den Kindern ein fertiges Licht (mit brennendem Teelicht) zeigen und den Klassenraum verdunkeln. Die Kinder werden von dem Funkeln so motiviert sein, dass sie gleich loslegen wollen.

Aufgabenstellung:
Mit Hilfe der Goldfolienstreifen sowie einer Prickelnadel und dem Prickelfilz wird ein dekoratives Licht gestaltet. Je mehr Löcher, desto besser leuchtet das Licht.

Achtung: Zu viele Löcher eng nebeneinander können das Licht auch *kaputt* machen!

Vorgehensweise:

Vorarbeit (durch den Lehrer): Die Goldfolie muss möglichst mit der Schneidemaschine in Streifen geschnitten werden. Länge und Breite des Streifens sind abhängig von dem Glas, welches in das Licht gestellt wird.
Als Faustregel sollte der Streifen mindestens 3 cm länger und breiter sein, als Umfang und Höhe des Glases.
Für meine Lichter (Höhe 10 cm und Umfang 26 cm) habe ich die Streifen 13 cm breit und 30 cm lang geschnitten.

Nun jeweils oben und unten einen gut 1 cm breiten Rand falten. Die Faltkante mit dem Fingernagel oder einem Falzbein nachfahren.

Löcher prickeln: Die Kinder prickeln auf der Außenseite, auf der man die Faltränder nicht sieht. Beim Prickeln darf nicht in den Faltrand gestochen werden!
Als Thema kann man vorgeben, Sterne, Muster oder Bilder zu stechen. Am besten jedoch lassen Sie der Fantasie Ihrer Kinder freien Lauf.
Wichtig ist, dass die Kinder langsam und sorgfältig stechen, damit die Löcher nicht einreißen.

Zusammenbau: Der Zusammenbau erfolgt am besten durch den Lehrer. Die fertigen Goldfolienstreifen werden nun einfach zu einem Zylinder gerollt und mit einem Tacker oben und unten zusammengeheftet – fertig!

Kriterien zur Leistungsbewertung:

1. Wurden die Löcher sorgfältig gestochen?
2. Wie ist das Bild / Muster gelungen?
3. Leuchtet das Licht schön?

BLECHDOSEN

Dies & Das

Hier einige wunderschöne Gestaltungsaufgaben, die sich nicht in die vorherigen Kapitel einordnen lassen, den Kindern aber so viel Spaß gemacht haben, dass ich diese gerne noch anhängen möchte.

Pompon-Käfer

Zeit:

2–3 Unterrichtsstunden

Material:

rote und schwarze Wolle, pro Kind 2 Pappringe Schere, reißfesten Faden, schwarzer Fotokarton für den Marienkäferbauch, Flüssigklebstoff, weiße und schwarze Filzreste, schwarze Pfeifenputzer, evtl. Wackelaugen

Bereiche & Schwerpunkte:

„Textiles Gestalten" mit den Schwerpunkten „Erproben von Materialien, Techniken und Werkzeugen", „Zielgerichtet gestalten und präsentieren"

Lernziele & Kompetenzerwartungen:

- Kennenlernen der Technik zur Herstellung von Pompons
- Schaffen eines dreidimensionalen Objektes
- **Experimentieren mit Material und Erproben von Materialverbindungen**
- **Aneinanderfügen von textilem und nicht textilem Material**
- **Schmücken von Räumen**

Aufgabenstellung:

Zum Muttertag wird ein „Glückskäfer" hergestellt.

Vorgehensweise:

Pompon wickeln: Auf den Pappringen wird ca. ein Viertel des Kreises markiert. Dieses Viertel wird mit schwarzer Wolle umwickelt. Die restlichen drei Viertel werden mit roter Wolle umwickelt. Dies geschieht simultan. Also einige Viertel-Runden mit schwarzer Wolle wickeln, dann einige Dreiviertel-Runden mit roter Wolle wickeln. Dann wieder mit schwarzer Wolle usw. Ist das Loch in der Mitte fast zu, ist das Wickeln beendet.

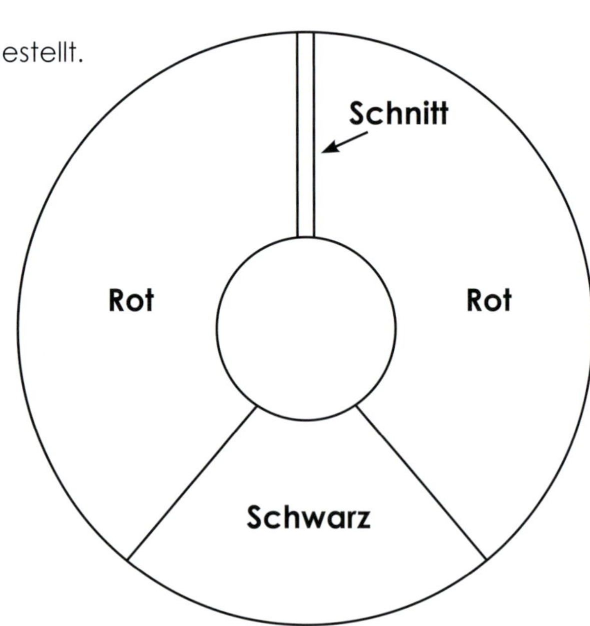

Aufschneiden: Nun wird die Wolle entlang der Kante zwischen den zwei Pappringen aufgeschnitten. Damit es leichter fällt, die Wolle schichtweise durchtrennen.

Zusammenbinden: Um die Wolle zu fixieren, wird ein reißfester Faden zwischen den beiden Pappringen durchgezogen und fest verknotet.

Käferbauch aufkleben: Bevor die Pappscheiben nun entfernt werden, muss auf einer Seite der Marienkäferbauch (s. Kopiervorlage) aus schwarzem Fotokarton aufgeklebt werden. Dabei darf der Pompon unten auf dieser Seite noch nicht aufgehen, sondern muss so bleiben, als ob er gerade gewickelt wäre. Damit das Ganze gut hält, muss reichlich Flüssigkleber auf den Pappbauch aufgetragen werden. Jetzt den Pompon mit einer der beiden flachen Seiten auf den Pappbauch drücken und etwa 5 Minuten abwarten, damit der Kleber antrocknen kann.

Fertigstellen: Erst, wenn der Klebstoff getrocknet ist, die Pappkreise entfernen und den Käfer mit einer Schere zurechtschneiden.

Schmücken: Zum Schluss aus schwarzen Filzresten Punkte schneiden und auf den Rücken aufkleben. Die Augen werden aus weißem Filz geschnitten und erhalten mit dem Filzstift einen kleinen schwarzen Punkt als Pupille. Aus schwarzen Pfeifenputzern werden nun zwei Fühler geschnitten und mit Flüssigkleber an einem Ende eingestrichen.
Diese in den „Kopf" stecken. Kleber gut trocknen lassen, damit auch alles gut hält! Evtl. können auch Wackelaugen aufgeklebt werden.

Kriterien zur Leistungsbewertung:

Die Pompon-Käfer würde ich nicht benoten, da oft die Qualität der Wolle das Aussehen der Käfer beeinflusst.

Kopiervorlage Pompon-Käfer

Fliegenpilze

Zeit:
1 Unterrichtsstunde

Material:
pro Kind 2 bis 3 Sektkorken (aus Kork, nicht aus Plastik!), Messer, 1 Heißklebepistole weiße Wandfarbe oder Deckweiß, Pinsel, einen Kreis aus Fotokarton (Ø ca. 8 cm), 1 Tacker, roten Filz und weiße Filzreste, Schere, Flüssigkleber, Filzstifte

Bereiche & Schwerpunkte:
„Räumliches und Textiles Gestalten" jeweils mit dem Schwerpunkt „Erproben von Materialien" und „Zielgerichtet gestalten"

Lernziele & **Kompetenzerwartungen:**

- Gestalten eines „Fliegenpilzes"
- **Bauen mit unterschiedlichen Materialien**
- **Bauen von Objekten mit Alltagsmaterialien und Fundstücken**
- **textile Eigenschaften wahrnehmen**
- **Textiles und nicht textiles Material aneinanderfügen**

Hinweis:
Die Fliegenpilze sind eine nette kleine Gestaltungsaufgabe, die meinen Kindern viel Spaß gemacht hat und im Herbst zusammen mit gebastelten Igeln und gesammelten Kastanien und Blättern eine schöne Dekoration ergaben.

Info:
Sektkorken können von Eltern bzw. Kindern gesammelt werden.
Schön ist es, wenn Sie für einige Pilze einen Sektkorken halbieren und mit Heißkleber das dünnere Stück unter einen ganzen Sektkorken kleben. Dann erhalten Sie Pilze mit unterschiedlichen Höhen. Das ist nachher beim Dekorieren schöner.
Das Aufkleben der fertigen Pilzköpfe mit **Heißkleber** sollte **durch den Lehrer erfolgen!**
Zur Not können Sie auch Weinkorken benutzen. Diese sind aber etwas dünn und nicht so schön standfest.

Einstieg:
Als „Rohlinge" sollten die Sektkorken schon vorher vorbereitet sein. Da alle Kinder gerne einen „großen" Pilz basteln möchten, bietet es sich an, jedes Kind einen großen und einen kleinen Pilz basteln zu lassen.

Aufgabenstellung:
Klar: Fliegenpilze herstellen!

Vorgehensweise:

Pilzfuß: Rohlinge herstellen – siehe Info!
Diese Rohlinge werden mit weißer Wandfarbe oder Deckweiß weiß eingefärbt. Während der Fuß trocknet, kann der Pilzkopf hergestellt werden.

Pilzkopf: Auf Fotokartonresten können die Kinder mit einer Schablone – z. B. einem runden Bierdeckel – oder dem Zirkel einen Kreis aufzeichnen (Ø ca. 8 cm). Diesen Kreis bis zur Mitte von einer Seite aus einschneiden und ca. 2 cm überlappend wieder zusammenkleben. Damit dies besser hält, sollte diese Stelle einmal mit dem Tacker zusammengeheftet werden.
Nun wird das Papp-Köpfchen mit rotem Filz beklebt. Den Filz können die Kinder erst aufkleben und anschließend die abstehenden Teile abschneiden. Zum Schluss werden aus weißem Filz viele kleine Punkte ausgeschnitten und aufgeklebt.

Pilz fertigstellen: Das Ankleben des Pilzkopfes erfolgt am besten durch einen Erwachsenen mit dem Heißkleber. Kleben die Kinder selbst, sollte Flüssigkleber verwendet werden.

Gesicht gestalten: Als „Gag“ können mit Filzstift auch Augen (eventuell mit Augenbrauen), Nase und Mund aufgezeichnet werden.

Kriterien zur Leistungsbewertung:

1. Wie gut wurden Stoff und Pappkreis miteinander verklebt?
2. Wie sorgfältig wurde geschnitten?
3. Wurden ausreichend Punkte aufgeklebt?

Variation des Themas:
Natürlich können auch Pilze in verschiedenen Brauntönen hergestellt werden.
Statt Filz können auch Stoffreste zum Einsatz kommen.

Blumen aus Krepppapier

Zeit:
2–3 Unterrichtsstunden

Material:
Papier, Bleistift, Krepppapier in Grün und in weiteren bunten Farben, Schere, Blumendraht, Drahtschneider, Flüssigkleber, pro Blume einen Stock (ca. 30 cm lang und 0,5–0,8 cm dick)

Bereiche & Schwerpunkte:
„Räumliches Gestalten" mit den Schwerpunkten „Erproben von Materialien, Techniken und Werkzeugen" und „Zielgerichtet gestalten"

Lernziele & **Kompetenzerwartungen:**

- Herstellen einer Blume aus Krepppapier unter Berücksichtigung der Materialeigenschaften
- **Bauen mit unterschiedlichen Materialien**
- **Erproben von Werkzeugen und Verbindungsmitteln**
- **Konstruieren figurativer Formen**

Einstieg:
Die Blumen aus Krepppapier eignen sich sehr gut als Muttertagsgeschenk (als einzelne Blume) oder als Abschiedsgeschenk für eine Lehrerin (als Blumenstrauß). Auch zum Valentinstag kann eine Blume verschenkt werden.

Aufgabenstellung:
Es sollen Blumen hergestellt werden!

Vorgehensweise:
Vorbereitung: Jedes Kind benötigt einen kleinen Stock von ca. 30 cm Länge und etwa der Dicke eines kleinen Kinderfingers. Gut geeignet sind Äste von einem Haselnussstrauch oder der Birke. Diesen Stock muss das Kind zu der Gestaltungsstunde mitbringen.

Blütenblätter herstellen: Pro Blüte werden mindestens 7 Blütenblätter benötigt. Es können auch mehr Blätter benutzt werden, die Anzahl sollte jedoch ungerade sein. Für das Blütenblatt kann sich jedes Kind eine Schablone aus Papier herstellen. Sie können auch die Kopiervorlage (s. S. 78) als Hilfe anbieten.
Jedes Blütenblatt besteht aus 2 Krepppapierblättern und einem etwa 20 cm langen Blumendraht. Das Blatt aus dem Krepppapier muss so ausgeschnitten sein, dass die Riffelung senkrecht zum aufgeklebten Blumendraht verläuft.

Der Blumendraht wird nun mit Hilfe von Flüssigkleber (diesen auf den Draht auftragen!) in der Mitte des ersten Blattes aufgeklebt. Einige Tropfen Klebstoff werden nun außen auf das Blatt gegeben und das zweite Blatt passgenau aufgeklebt.
Sind die Blütenblätter fertig, sollten noch je zwei grüne Blätter pro Blume für den Stängel hergestellt werden.

Blütenstempel: Ein Streifen Krepppapier von ca. 3 cm Breite und 15 cm Länge wird abgeschnitten und fransig eingeschnitten. Nun an das obere Ende des Stockes etwas Flüssigkleber auftragen und das Fransenband rundherum aufkleben. Dabei in jeder Runde ein klein wenig nach unten gehen. Nun ist der Blütenstempel fertig.

Blütenblätter anbringen: Blatt für Blatt werden nun die bunten Blütenblätter angebracht. Dabei den Draht am Blattende etwa rechtwinklig einknicken, das Blatt an den Blütenstempel anlegen und den Draht um den Stock wickeln.
Die grünen Blätter etwa auf halber Höhe des Stockes befestigen.

Draht verstecken: Jetzt benötigt jede Blume einen ca. 50 cm langen und etwa 1 cm breiten grünen Streifen. (Einfach von einer noch eingerollten Krepp-Rolle 1 cm abschneiden!)
Oben an der Blüte geht es dann los. Etwas Flüssigkleber auf den Stock auftragen, ein Ende des Kreppstreifens ankleben und rundherum um den Stock (und die Drähte) wickeln. Dabei die grünen Blätter nicht überkleben. Zwischendurch immer wieder Klebstoff auftragen.

Blüte in Form bringen: Ist der Klebstoff getrocknet, kann die Blüte durch Biegen des Drahtes noch in die gewünschte Form gebogen werden.

Kriterien zur Leistungsbewertung:

1. Wie sorgfältig wurde ausgeschnitten?
2. Wie sorgfältig wurde alles geklebt?
3. Wie viele Blütenblätter wurden hergestellt?
4. Wie ist der Gesamteindruck?

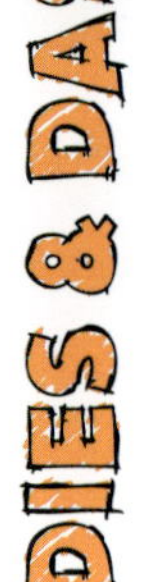

Kopiervorlage Blütenblatt

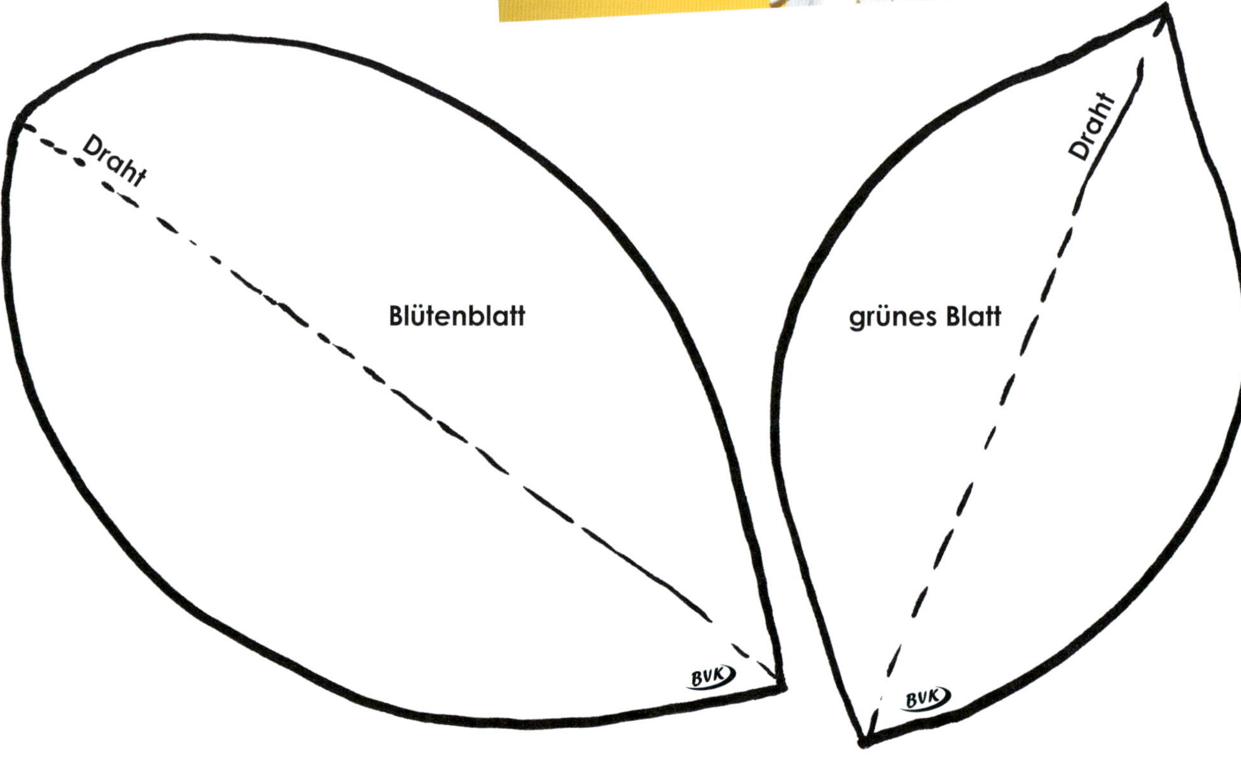

Anhänger aus Wachs

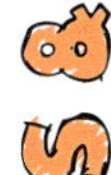

DIES & DAS

Zeit:
1 Unterrichtsstunde

Material:
eine Schüssel (möglichst aus Glas oder Metall) mit glattem Boden, Wasser, Ausstechförmchen für Plätzchen (möglichst aus Metall), weiße Kerzen (es geht auch mit farbigen Kerzen), Streichhölzer, Glimmer oder Streusternchen, 1 dickere Nähnadel, dünne Goldkordel

Bereiche & Schwerpunkte:
„Räumliches Gestalten“ mit den Schwerpunkten „Erproben von Materialien, Techniken und Werkzeugen“ und „Zielgerichtet gestalten“

Lernziele & Kompetenzerwartungen:
- Herstellen eines Anhängers aus Wachs unter Berücksichtigung der Materialeigenschaften
- **Konstruieren figurativer Formen**

Einstieg:
Das Herstellen der Wachsanhänger ist ein tolles Thema zur Weihnachtszeit und die Arbeit mit einer brennenden Kerze äußerst motivierend für die Kinder!

Achtung:
Sie sollten vor der Arbeit einige **Sicherheitsvorkehrungen** besprechen:
- Lassen Sie nie mehr als 4 Kinder gleichzeitig mit der Kerze arbeiten.
- Kinder mit langen Haaren müssen einen Zopf machen.
- Tücher, Schals und lange Ketten o. Ä. sind vorher auszuziehen, Ärmel hochzukrempeln.
- **Nur der Lehrer** zündet die Kerzen an. Er kontrolliert vorher, ob die Kerze noch lang genug und ausreichend Wasser in der Schüssel ist.
- Ist die Figur fertig, muss sie erst abkühlen. **Nur der Lehrer** nimmt die Figur aus der Form.

Vorgehensweise:
In die Schüssel wird ein wenig Wasser gegeben (ca. 0,5 – 1 cm Höhe). Das Ausstechförmchen wird ins Wasser gelegt. Dabei sollte noch ein Teil des Förmchens aus dem Wasser herausragen. Nun wird die Kerze angezündet und das Wachs Tropfen für Tropfen innerhalb des Förmchens in das Wasser getropft. Dabei muss die Kerze immer wieder gedreht werden.

Es werden etwa 4–5 Schichten getropft, dann ist die Figur dick genug. Nach einer Auskühlzeit von 1–2 Minuten kann sie vorsichtig aus der Form herausgeholt werden. Dazu erst einige Male die Form auf den Tisch klopfen, bis die Wachsfigur herunterfällt. Dann vorsichtig mit der Hand ganz herausdrücken.

Achtung: Solange sich das Wachs noch warm anfühlt, ist die Figur leicht zerbrechlich!

Verzierungen: Bevor mit dem Wachs ins Förmchen getropft wird, können Glimmer oder Streusternchen in die Form hineingestreut werden. Dabei darauf achten, dass diese Schicht „nur" einlagig ist.
Anschließend das Wachs wie oben beschrieben ins Förmchen tropfen.

Zum Aufhängen möglichst in das noch leicht warme Wachs mit einer dickeren Nähnadel ein Loch stechen.
Dünne Goldkordeln eignen sich am besten als Aufhänger. Diese aber erst einfädeln, wenn die Figur erkaltet ist.

Hefte binden

Zeit:
1 Unterrichtsstunde

Material:
5–9 Blätter weißes DIN-A4-Papier, ein „besonderes“ Papier (DIN A4), Schere, Falzbein, festen weißen Faden, Nähnadel mit Spitze, Prickelnadel und Prickelfilz, Papierschere, Klebstoff

Info:
Das „besondere“ Papier kann einfach ein farbiges Tonpapier oder das Ergebnis einer der nachfolgenden Gestaltungsaufgaben sein.

Tipp:
Das Heft kann mit Blanko-Seiten hervorragend als **Kunsttagebuch** oder **Skizzenbuch** genutzt werden. Wenn Sie als Seiten die Kopiervorlage (s. S. 71)doppelseitig für jedes Kind auf 5–6 Blätter kopieren, entstehen auch schöne Hefte für eigene Geschichten oder als Tagebuch.

Bereich:
„Räumliches Gestalten“ mit den Schwerpunkten „Erproben von Materialien, Techniken und Werkzeugen“ und „Zielgerichtet gestalten“

Lernziele & **Kompetenzerwartungen:**
- Herstellen eines „schönen“ Heftes
- **Erproben von Werkzeugen und Verbindungsmitteln (hier: Garne und Nadeln)**
- **Verwandeln und Umgestalten von Dingen des täglichen Lebens (hier: Hefte)**

Einstieg:
Den Umgang mit Nadel und Faden kennen die meisten nur in Verbindung mit Stoffen. Aber auch Papiere können zusammengenäht werden.
So ein Heft zu „nähen“, ist eine relativ flotte Angelegenheit und es bietet sich an, direkt mehrere Hefte herzustellen. Dabei entstehen aus DIN-A4-Blättern Hefte im DIN-A5-Format. Die 5–9 weißen Blätter werden also in der Mitte einmal geknickt. Auch das „besondere“ Papier, welches später als Einband des Heftes Verwendung findet, wird in der Mitte geknickt.
Der Knick wird vorsichtig mit dem Scherengriff oder dem Falzbein nachgefahren, um ihn zu fixieren.

Der Faden wird in die Nähnadel eingefädelt, doppelt genommen und beide Fadenenden werden miteinander verknotet. Dabei darauf achten, dass nach dem Knoten noch ca. 5 cm Faden hängenbleiben.

Vor dem Nähen werden die Löcher vorgestochen, und zwar vom Inneren des Knicks nach außen. Gestochen wird in der Mitte, in das obere Viertel und in das untere Viertel. Empfehlen würde ich den Einsatz von Prickelnadel und Prickelfilz.

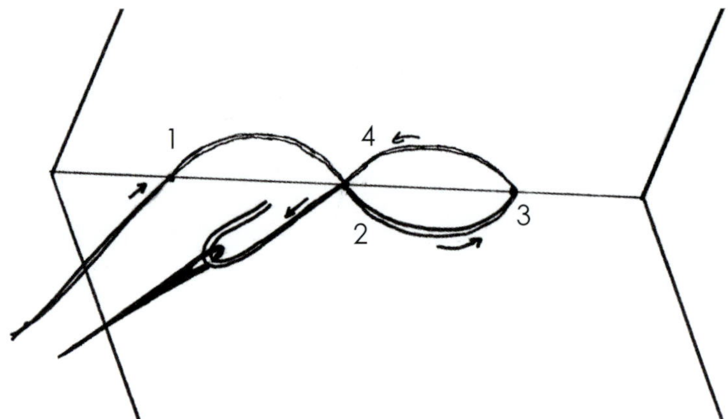

Beim Nähen beginnt man im Inneren des Heftes am oberen Loch (1.), geht mit der Nadel nach außen, in der Mitte wieder hinein (2.), am unteren Loch wieder hinaus (3.), in der Mitte wieder hinein (4.) und verknotet den Faden dann mit dem Ende. Zum Schluss wird das Etikett (s. unten) ausgeschnitten und aufgeklebt. Schon ist das erste Heft fertig!

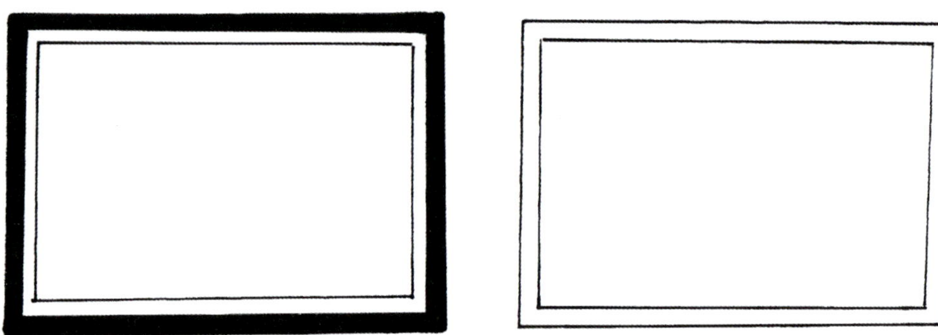

Techniken zur Herstellung von „besonderen Papieren"

1. Marmorieren

Zeit:
1–2 Unterrichtsstunden

Material:
eine flache Wanne (z. B. ein altes Backblech mit erhöhten Rändern oder eine Marmorier-Wanne), Wasser, Tapetenkleister, Marmorier-Farbe oder wasserunlösliche Acrylfarbe, Terpentin, Pinsel oder Pipette, Holzstäbchen oder 1 Gabel, alte Kämme, Bügeleisen, weißes oder farbiges Tonpapier

Bereiche & Schwerpunkte:

„Farbiges Gestalten“ mit dem Schwerpunkt „Erproben von Materialien und Werkzeugen“ und „Zielgerichtet gestalten“

Lernziele & Kompetenzerwartungen:

- **Experimentieren mit unterschiedlichen Farben**
- **Flächen gliedern durch farbiges Gestalten**
- Erfahren, dass Farben, die nicht wasserlöslich sind, auf Wasser schwimmen
- verschiedene Muster durch „Verschieben“ der Farben

Vorgehensweise:

Die Wanne wird etwa 1 cm hoch mit Wasser gefüllt. Wenn man etwas (ca. 1 Esslöffel) Kleisterpulver in das Wasser einrührt, wird die ganze Sache einfacher und die gezogenen Muster bleiben besser stehen. Auf das Wasser wird nun die Marmorier-Farbe getropft. Marmorier-Farbe hat den Vorteil, dass sie sofort verwendbar und schon in praktischen Tropf-Fläschchen abgefüllt ist.
Preiswerter ist es sicher, die Farben selbst herzustellen. Dazu muss wasserunlösliche Acrylfarbe mit etwas Terpentin (etwa im Verhältnis 1 Teil Farbe zu 4 Teilen Terpentin – Ausprobieren!) angerührt werden. Dann die Farbe mit einem Pinsel oder einer Pipette auf die Wasseroberfläche tropfen. Mit Hilfe eines Holzstäbchens oder einer Gabel können dann zwei oder mehrere aufgetropfte Farben ineinander verrührt und mit alten Kämen zusätzlich Muster gezogen werden. Das entstandene Muster wird nun mit Hilfe des Papiers abgedruckt. Dabei das Papier von einer Seite zur anderen vorsichtig „aufrollen“. Anschließend das Papier abheben und unter dem Wasserhahn alle überflüssige Farbe abwaschen.
Die Papiere müssen getrocknet und eventuell sogar später glattgebügelt werden (möglichst von der Lehrperson).

2. Werbung ganz anders

Zeit:
1 – 2 Unterrichtsstunden

Material:
Bilder aus Zeitschriften, Fotos, Schere, Klebestift, weißer oder farbiger Fotokarton

Bereiche & Schwerpunkte:
„Auseinandersetzung mit Bildern und Objekten" mit dem Schwerpunkt „Zielgerichtet gestalten"

Lernziele & **Kompetenzerwartungen:**

- in Bildern Anregungen für eigene Gestaltungsmöglichkeiten entdecken
- sich inspirieren lassen von vorgegebenem Bildmaterial
- **bewusstes Durchsehen von Bildmaterial aus Zeitschriften (Werbung, Fotos, Abbildungen)**

Vorgehensweise:
Aus Zeitschriften aller Art sollen die Kinder Bilder heraussuchen und zu einer Collage zusammensetzen. Dies kann nach farblichen oder inhaltlichen Gesichtspunkten geschehen.
Die ausgesuchten Bilder können zurechtgeschnitten, aber auch gerissen werden. Mit Hilfe eines Klebestiftes werden die ausgesuchten Bildelemente zu einem neuen Ganzen zusammengeklebt. Dies geschieht am besten auf Fotokarton, da sich Tonpapier zu leicht wellt. Damit auch der Fotokarton nicht die Form verliert, ist es hilfreich, ihn auch von innen zu bekleben!

3. Gestaltung mit Fotos

Zeit:
1 Unterrichtsstunde

Material:
1 Digitalkamera, Laserdrucker, Kopierer, evtl. Schere, Klebstoff, farbiges Tonpapier

Bereiche & Schwerpunkte:
„Gestalten mit technisch-visuellen Medien“ mit dem Schwerpunkt „Zielgerichtet gestalten“

Lernziele & **Kompetenzerwartungen:**

- fotografieren Dinge / Personen mit dem Ziel, diese Bilder zu dekorativen Zwecken zu verwenden
- erproben den Umgang mit Digitalkamera, Computer, Drucker und Kopierer als Mittel zur kreativen Gestaltung
- **nutzen Kopien von Fotografien in Gestaltungsprozessen**
- **deuten Bildelemente um und ordnen sie in neue Zusammenhänge**

Vorgehensweise:
Wenn nicht jedes Kind eine Digitalkamera mitbringen kann, kann auch mit einer Kamera gearbeitet werden. Dazu lässt man die Kinder in Kleingruppen (2–4 Kinder) mit dem Auftrag losziehen, sich gegenseitig oder das, was ihnen ins Auge sticht, zu fotografieren.
Eine andere Möglichkeit ist es, das Fotografieren an sich als Hausaufgabe aufzugeben und die Kinder die Fotos ausgedruckt (oder auf einem Speichermedium) mitbringen zu lassen. Die Fotos können anschließend zu einer Collage zusammengeklebt oder ein Foto auf DIN-A4-(Quer)-Format vergrößert werden. Die Collage wird am besten auf Tonpapier fotokopiert. Sehr effektvoll ist es, farbiges Tonpapier zu benutzen!